教育经济学理论及其发展研究

李 娜 著

北京工业大学出版社

图书在版编目（CIP）数据

教育经济学理论及其发展研究 / 李娜著 . — 北京：
北京工业大学出版社，2021.2（2022.10 重印）
ISBN 978-7-5639-7841-0

Ⅰ．①教… Ⅱ．①李… Ⅲ．①教育经济学－研究
Ⅳ．① G40-054

中国版本图书馆 CIP 数据核字（2021）第 034126 号

教育经济学理论及其发展研究

JIAOYU JINGJIXUE LILUN JI QI FAZHAN YANJIU

著　者：李　娜
责任编辑：邓梅菡
封面设计：点墨轩阁
出版发行：北京工业大学出版社
　　　　　　（北京市朝阳区平乐园 100 号　邮编：100124）
　　　　　　010-67391722（传真）　bgdcbs@sina.com
经销单位：全国各地新华书店
承印单位：三河市元兴印务有限公司
开　　本：710 毫米 ×1000 毫米　1/16
印　　张：11.25
字　　数：225 千字
版　　次：2021 年 2 月第 1 版
印　　次：2022 年 10 月第 2 次印刷
标准书号：ISBN 978-7-5639-7841-0
定　　价：58.00 元

前　言

在人类历史变迁的长河中，任何理论都是阶段性的、不完备的，教育经济学理论也不例外。我们在比较各种代表性的教育经济学理论的价值观和方法论的同时，也需要展示教育经济思想的历史变迁轨迹，以及教育经济问题的复杂性、多因素性。建立具有中国特色的教育经济学，必须系统地揭示教育与经济的关系，进一步深化对教育的经济价值的认识，选择比较研究方法。为避免受局部性的演化过程、演化结果和制度安排的制约，需要继承和借鉴前人的观点和方法。坚持以动态演化的观点来理解浩如烟海的教育经济思想，具有重大的实践意义。

《教育经济学理论及其发展研究》是一本系统研究教育经济学理论及其发展的专著。本书在阐述教育经济学学科性质与研究对象的基础上，对教育经济学研究的内容、方法与意义进行了探究，并深入论述了教育经济学的形成与发展。同时，本书还对人力资本理论、经济学理论、教育学理论等教育经济学的理论基础进行了详细介绍，指出了教育与经济、就业的关系，并致力于寻求提高教育资源利用效率的有效途径，旨在为教育经济学的研究添砖加瓦。

目　录

第一章　教育经济学概述

第一节　教育经济学的学科性质与研究对象

一、教育经济学的学科性质

所谓教育经济学的学科性质，是指教育经济学是一门什么样的学科。学科性质的确定，是研究和探讨教育经济学问题的前提，我们对学科性质的不同认识直接影响对教育经济学中其他问题的认识。但从教育经济学产生之日起，学术界对其学科性质的认识就存在诸多争议。

从国外教育经济学的形成和发展历史来看，20 世纪 50 年代—20 世纪 60 年代，"人力资本理论"在西方国家风靡一时，对教育经济学的研究产生了巨大的影响。20 世纪 70 年代以后，当时不景气的经济状况与教育的不断扩张发生矛盾，产生种种问题，而人力资本理论又不能适当地解决这些新出现的问题。在这种背景下，各国的教育经济学研究开始注重与本国的国情相结合，不仅促进了学科本身的发展，还表现出新的特色。各国教育经济学研究的不同特色源于各自不同的文化、教育传统。例如，美国的教育经济学是经济学家的天下，日本的教育经济学从属于教育行政学，德国的教育经济学与教育规划紧密结合，法国的教育经济学对社会学家有极大的吸引力，英国的学者首创了"教育经济学"的词汇并极力构建一个独立的学科。

从国内教育经济学的形成和发展历史来看，我国学术界对于教育经济学的学科性质存在多种观点。有学者这样归纳国内学者对于教育经济学学科性质的争议："就国内而言，对教育经济学学科性质看法不同。从事教育研究的学者大多认为，它属于教育科学的分支学科，从事经济学研究的学者多认为它属于经济学的分支学科。二者都能接受的观点是教育经济学属于教育科学和经济科学的交叉学科。"

从国内外学者对教育经济学学科归属的不同观点来看，大致可以分为从属学科、独立学科和边缘学科三种。

从属学科又可分为经济学科从属说和教育学科从属说。

从总体来看，国外学者普遍认为教育经济学更具有经济学性质，他们认为教育经济学是研究在资源约束条件下，有效利用稀缺资源，将资源在个人和团体中进行合理分配的理论与实践的学科。教育经济学隶属于经济学科，属于非生产领域的经济学。英国著名教育经济学家马克·布劳格就曾明确指出："教育经济学是经济学的一个分支。我不打算将教育经济学定义为一个独立的学科。"不过他同时也认为："教育经济学只涉及经济学的一部分，至于其他部分则要利用教育心理学和教育社会学来解读，甚至教育史也至关重要。这并不是哪一门学科重要或不重要、正确或不正确的问题。教育领域比其他领域能更好地证明社会科学中各学科相互并存的基本法则。实际上，如果我们没有很好地理解相关的其他学科中有关教育的问题，那么就很难在教育经济学中有所成就。"

有的教育经济学家认为，经济科学分为普通经济学、专业经济学和部门经济学，部门经济学又分为生产领域的部门经济学和非生产领域的部门经济学。教育经济学同一切部门经济学都有着密切的联系。教育经济学属于部门经济学，也就是一种非生产领域的部门经济学。

国内也有不少学者持这种观点或事实上赞同这种观点。他们认为，教育经济学属于经济科学体系中的一个新领域，是经济学的一个分支，可称之为部门经济学，如工业经济学、农业经济学、林业经济学等。他们侧重于从经济角度出发，用各种经济理论来解释教育现象，预测教育发展，寻找解决教育问题的办法。经济学领域的学者，如北京大学的厉以宁教授指出："教育经济学是研究经济与教育这两者之间的关系的一门科学，也是从经济学的角度来研究教育在社会经济发展中的地位和作用，以及教育投资的经济效果的一门科学。"北京师范大学的王善迈教授也认为，教育经济学是经济学的分支学科，原因包括：其一，教育经济学源于经济学中的人力资本理论。他从教育经济学产生的历史出发，指出："无论是增长经济学还是发展经济学，在其发展和深入研究的过程中，都产生了人力资本理论问题，都强调了教育对经济增长和发展的贡献。这也说明教育经济学是从经济学，主要是从增长经济学和发展经济学中逐步分化独立出来的经济学分支学科。"其二，教育经济学研究的对象是教育中的经济现象和问题，所用的基本工具是经济学的理论与方法。

教育学科从属说在我国很有影响力，因为中国教育经济学的研究现状为教育学科从属说提供了充分的依据。从学术团体隶属关系看，教育经济学分会是中国教育学会下设的一个分会；从国家学位管理看，教育经济学与教育管理学合并形成的教育经济与管理专业，其学生可申请的学位是教育学或管理学；从研究成果看，教育经济学研究成果多见于教育类杂志而不是经济类杂志。因此，国内不少学者都将教育经济学归为教育学科群中的新兴领域，认为教育经济学是一门新的教育学科，借助经济学的研究来促进人们对于教育学的认识，增加国家的教育投资，提高学校的效益。《中国大百科全书·教育》就将其列为教育科学分支学科之一，解释为用经济学的原理和方法研究教育投资及其经济效益的学科。我国著名教育学家瞿葆奎先生也明确地将教育经济学纳入他所提出的教育学科总体系之中。在这个体系中，教育经济学属于以教育活动为研究对象，以不同方式运用其他学科，把被运用学科作为理论分析框架分析教育中的社会现象的类别。

独立学科说将学科性质问题与专业划分问题区分看待，因为专业划分往往会受到多种因素的制约，并不一定能够准确地体现该学科的学科性质。持这种观点的学者大都认为，教育经济学是一门独立或相对独立的交叉学科，既不属于教育学科，也不属于经济学科。王善迈教授在认为教育经济学是经济学分支学科的同时，也认为教育经济学是经济科学和教育科学的交叉学科。他明确指出："教育经济学是一门独立的科学，是门介于教育科学和经济科学之间的边缘交叉学科，其研究对象既不同于教育科学，也不同于经济科学。因为其研究对象和方法互相交叉，它研究教育中的现象和问题，也运用了经济科学的理论和方法。"

边缘学科说强调的是学科间和学科前沿的研究区域。尽管"边缘学科"与"交叉学科"有一定的相似性，但与交叉学科还是有明显差别的。边缘学科说有其代表性观点。如曾满超教授认为："教育经济学是介于教育学与经济学之间的边缘学科。它着重分析教育的经济价值，特别是教育与经济增长及收入分配的关系。"靳希斌教授强调："教育经济学是研究教育与经济的相互作用，以及教育领域内的经济现象和规律，并且用数量的形式来表示的一门边缘学科。"

当然，上述不同的分类之间存在一定的重合，但这种重合正是学术界对这一问题认识的复杂状况的真实反映。在我国，国务院学位委员会1998年在调整学位分类时，将教育经济学和教育管理学合并，成为管理学中的公共管理的二级学科，这使我们对教育经济学的学科性质的认识变得更加多样化。因为教育经济学作为一门独立学科，既与教育科学和经济科学有交叉，又与管理学、社会学、行政学等学科有交叉。"如果说最初的教育经济学带有刚脱胎出来的父体或母体的特征，有一种幼稚性的话，那么，经过一段时日的成长，它又从其他的交叉领域汲取营养，发展自己，获得了新的进步"。但无论教育经济学如何发展，如何同其他学科进行交叉，我们都认为教育经济学应该被定位为教育学与经济学交叉的学科。首先，从教育经济学发展历史看，教育经济学是在经济和社会发展的基础上发展起来的；其次，从教育经济学的含义看，它是利用经济学的方法和手段来研究教育的一门学科，因此涉及教育学和经济学两大领域；最后，从教育经济学的理论基础和研究方法看，教育经济学既要运用经济学理论与方法研究教育领域的有关问题，又要运用教育科学的理论与方法研究经济发展的智力开发等问题。简言之，教育经济学是教育学与经济学两门科学互相交叉、渗透而形成的新兴学科，在发展中成为名副其实的交叉学科。教育经济学向着经济学与教育学日益紧密结合的方向发展，真正成为一门既不从属于经济学科，也不从属于教育学科的独立学科，这是 21 世纪教育经济学发展的必然走向。

二、教育经济学的研究对象

任何学科都有自己特定的研究对象。恩格斯指出："每一门科学都是分析某一个别的运动形式或一系列互相关联和互相转化的运动形式的学科，因此，科学分类就是这些运动形式本身依据其内部所固有的次序进行分类和排列，而它的重要性也正在于此。"

教育经济学作为一门独立的学科，也有其特殊的研究对象、研究领域和研究内容。但是，由于教育经济学是一门新兴的、尚在发展完善的学科，加之在其发展过程面临的客观情况不同，人们的认识不同，各国对这一学科研究对象的认识和表达也不尽相同。归纳起来，学者对教育经济学研究对象大致有三种代表性的观点：其一，认为教育经济学是研究教育与经济相互关系的学科；其二，认为教育经济学是研究教育的投入与产出、成本与效益的学科；其三，认为教育经济学是研究稀缺的教育资源如何配置的学科。后两种观点实际认为教育经济学的研究对象就是教育领域的经济问题。而持这样观点的一般都是经济学家或是经济学家出身的教育经济学者，他们对教育经济学研究对象的观点，不论是稀缺的资源分配还是投入产出与成本收益，都是经济学的相关内容在教育经济学领域的反映或移植。因此，对上述观点进一步提炼和归纳，教育经济学的研究对象大致包括以下三个方面。

（一）教育经济学是研究教育与经济相互关系的学科

这是一种最普遍、最常见的观点，大多数学者在谈到教育经济学的研究对象时，即使认为教育经济学还存在其他的研究对象，也会将"教育与经济的关系"放在首位。

教育经济学家强调，教育经济学是要"研究社会经济规律在教育部门所起的特殊作用"。在他们看来，"国民教育是最重要的非生产部门之一，并同国家经济密切相关"。因此，"教育经济学作为一门学科，通过研究国民经济的生产关系特点，及其与生产力的相互作用，揭示社会经济规律在该领域所起的特殊作用"。"教育经济学研究教育和经济发展的关系。这种关系与培养和提高劳动力的职业技能以及劳动力在国民经济中的使用和分配相联系。教育部门的教育和经济关系体系包含这几方面内容，如社会同单个劳动者之间的关系，社会同单个学校集体或者整个教育系统之间的经济联系，劳动集体同它的单个成员之间的关系，教育系统同国民经济其他系统之间的关系等。"这些表述强调了教育经济学要研究教育与经济的关系、经济规律在教育中的表现等问题。

教育经济学家金子元久在分析教育经济学的发展历史时指出，在教育经济学的形成过程中，教育与经济发展的关联一直是研究者的主要关注点。20世纪70年代以后，教育与所得分配逐渐成为另一个重要的研究方面。

我国著名经济学家厉以宁教授认为："教育经济学是教育学和经济学的交叉学科，它研究教育和经济之间的相互制约关系。教育如何促进经济增长，如何协调经济和社会的发展，以及如何有助于一国实现自己的经济和社会发展目标，都是教育经济学探讨的重要课题。从这个意义上说，教育经济学是研究教育在经济增长以及经济和社会发展中的作用的科学。"华中师范大学杨葆焜教授认为："社会主义教育经济学是一门研究社会主义教育与经济之间的相互关系及其运动规律的科学。"北京师范大学王善迈教授和靳希斌教授也持相同的看法。王善迈教授认为，教育经济学是"运用经济学的理论和方法，研究教育与经济的相互关系及其变化的发展规律，研究教育领域中经济投入和产出规律的科学"。靳希斌教授则明确指出："教育经济学的研究对象尽管有各种说法，但万变归一，教育经济学从最根本的意义上讲，是研究教育与经济关系的一门科学。"上述学者强调的是教育与经济的关系，以及教育对经济和社会发展的作用。

此外，也有学者强调教育与劳动力市场的关系，如美国斯坦福大学教育和经济学教授、劳动经济学家马丁·卡诺依认为，"教育经济学的核心存在于教育与劳动力市场的联系之中"。

（二）教育经济学是研究教育领域内的经济问题的学科

部分教育经济学家认为，教育经济学研究的对象，主要是教育投资收益（包括社会和个人），以及教育对经济增长和发展的作用等。马克·布劳格在《教育经济学导论》一书中提出："教育经济学是经济学的一个分支。之所以这样说，是因为它所涉及的是学校成本和财政这类问题。这些构成了学科研究主题的各个方面。但是，教育经济学还不仅仅如此，它涉及教育对某些现象产生的基本影响，如劳动力的职业结构、新劳动力的补充和对生产的促进、劳动力在国内和国际的迁移、国际贸易的形态、个人收入的分配份额、现期收入的储蓄倾向，以及对经济增长的展望。"《简明不列颠百科全书》则称："教育经济学是关于社会以及个人在正规教育上的投资与收益的研究，它研究的对象是教育的经济投入和产出的一般特征、教育服务的需求与供给以及对教育进行经济计划时的各种着手方法。"美国教育经济学家埃尔查南·科恩在其所著的《教育经济学》中提出："教育经济学研究的对象是人和社会是如何使用紧缺的生产性资源在各种社会成员和集团中进行（特别是通过正规教育）各类训练，培养成员的知识、技能、智力和品德等。"与此同时，高希均先生在其主编的《教育经济学论文集》中提出："教育经济学是应用经济学的理论与原则研究教育部门资源分配的效率、人力供需的配合、教育计划的制订，以及教育对经济发展、社会福利与公平原则所产生的短期与长期影响的学科。"

（三）教育经济学研究对象的其他观点

上述两种观点是最有代表性的，绝大多数学者都持相同或类似的观点。但是，还有一种有影响的观点在表述上较为独特，体现出学者个性化的研究理念。如厉以宁先生不仅认为教育经济学是教育学和经济学的交叉学科，还强调"教育经济学是研究智力投资的社会经济功能和经济效果的科学"。华东师范大学邱渊教授认为，"教育经济学主要研究教育的经济性能，即教育的经济功效与经济条件。教育的经济性能是教育的社会功效与条件中经济因素的简称"。具体而言，教育的经济性能表现在两个方面：一是教育的经济性能对教育的节约要求；二是教育的经济性能的存在方式。

从国内外学者对教育经济学研究对象的探讨中可以看出，教育经济学所研究的对象是关于教育与经济社会发展的问题，涉及的范围相当广泛，同其他学科有很多交叉。因此，我们认为，教育经济学既要从宏观角度研究教育与经济的相互关系与相互作用的规律，也要从理论与实际的角度探讨教育与经济相互作用的各个方面，同时还要研究教育领域发生的经济现象及其规律，为促进教育目的的实现和经济发展服务。教育经济学的上述研究领域，反映了本学科特有的规定性，反映了这些领域必然的、内在的、本质的联系。正因为教育经济学研究的是教育与经济相关的领域，故它的研究更多应用了经济学的原理和方法。教育经济学紧紧围绕教育与经济的相互关系与相互作用进行研究，所以它是一门理论性、实践性都很强的学科。

第二节　教育经济学研究的内容与方法

一、教育经济学研究的内容

根据教育经济学研究的对象，结合我国的国情，我们认为教育经济学研究的基本内容如下。

（一）教育经济学的研究对象和方法

教育经济学作为一门独立的学科，有其特殊的研究对象、特殊的研究领域和研究内容。但是，由于教育经济学是一门新兴的、尚在发展完善中的学科，加之在其发展过程中各国面临的客观情况不同，人们的认识不同，对这一学科研究对象的认识和表达也不尽相同。因此，教育经济学研究首先必须明确其研究对象和方法。

（二）教育经济学的形成和发展

教育经济学作为一门独立学科，出现于世界学术之林，是随着经济、社会、科学技术和生产的不断发展，教育经济思想的逐步演变和系统化的结果。因此，教育经济学研究必须了解和熟悉国内外教育经济学形成和发展的情况。

（三）教育与经济的相互关系

教育与经济的关系是教育经济学的核心问题，也是研究探讨教育经济学其他问题的理论基础。教育经济学，作为一门研究教育与经济关系的学科，理所当然地要把揭示教育与经济发展之间的相互关系及其运动规律作为本门学科研究的基本问题。

（四）教育与人力资本的形成

在经济发展的诸因素中，人是最基本的因素之一。一个国家或地区的人力资源状态，对于充分有效地利用物质资源，实现经济增长，都是极为重要的条件。如果说物质资本是经济起飞的先决条件，那么，最终决定一个国家或地区经济发展成效的却是人力资本。因此，在谋求经济发展和向现代化推进的过程中，如何解决好人力资本的形成、积累和发展问题始终是世界各国面临的重大课题，也是教育经济学不可回避的重大理论问题。

（五）教育的供给与需求

教育的供求关系是伴随着市场经济发展而产生的现实问题，它不仅涉及个体对教育机会的选择，而且关系到国家教育规划和教育投资政策的制定，进而影响一国教育的发展和经济社会的发展与进步。所以，教育供求问题是进一步研究教育与经济关系的重要理论课题，也是教育经济学研究必须重视的重大理论与现实问题。

（六）教育与就业

教育本质是培养人的一种社会活动，而人或劳动力是现代经济活动中不可或缺且日益活跃的重要因素。教育以人的发展或劳动力的培养为中介，对经济发展具有积极的推动作用。但这种积极作用以教育培养的熟练劳动力或专门人才参与经济活动并直接从事经济生产为前提条件，也就是说，教育经济功能的效果取决于教育培养的熟练劳动力或专门人才能否顺利就业，以及教育在解决就业问题中的作用。因此，教育与就业有着天然的密切联系。教育经济学作为一门研究教育与经济关系的学科，应当研究教育与就业的关系。

（七）教育投资及其负担

教育要发展，最根本的物质保障是教育投资。教育事业的发展，需要有充裕的经费，已是不容争辩的事实。那么，教育该由谁投资，教育投资该由谁负担和提供，即谁应是教育投资的主体，这是研究教育投资的基础性理论问题，也是教育经济学研究的核心问题之一。

（八）教育资源的利用效率问题

教育活动的进行，需要投入一定量的人力劳动和物化劳动，即以消耗一定量的人力、物力和财力为条件。教育既然要消耗人力、物力和财力，就存在着节约和浪费的问题。在教育过程中，如何对人力、物力和财力进行有效的利用，就是教育资源的利用效率问题。如何用最少的教育劳动耗费，取得最大的教育劳动成果，是教育活动中必须解决的问题。因此，教育经济学要研究教育资源的合理配置与有效利用，包括二者的评价指标、计量方法、影响因素和提高途径等。

（九）教育成本

教育成本是政府部门、学校管理者、学生、家长以及研究人员等相关各方都非常关心的重要信息。它是政府制定学费标准、对学校拨款的重要依据，也是居民、学校和政府进行教育投资决策的重要依据。它是提高教育资源利用效率、加强学校管理的有效工具，也是研究人员必需的基础资料。因此，从20世纪50年代以后，教育成本就是教育经济学研究的重要内容。

（十）教育的经济效益

教育的目的，是为经济和社会发展培养各种后备劳动力和专门人才，使现有劳动者的智力得到提高。他们投入经济和社会发展中，必然会促进劳动生产率的提高、国民收入的增长，在补偿了教育劳动的耗费之后，还可以获得经济效益。这种经济效益既包括社会的，也包括私人的。因此，教育经济学要研究教育的社会经济效益和私人经济收益，包括经济效益的形成过程、计量方法、影响因素等。

（十一）学生资助问题

自建立社会主义市场经济的战略目标提出以来，我国的教育，尤其是高等教育发生了剧烈变革，国家包办教育的局面被打破则是变革的主要表现之一。缴费上学或称"招生并轨"作为一项适应社会主义市场经济的高等教育改革的具体措施，日益为人们所接受。国家包办教育，尤其是包办高等教育的学生资助制度，已不能满足以市场经济为导向的教育改革的需要。建立新的学生资助制度已成为教育发展的必然要求，这构成了教育经济学研究的又一项重要内容。

（十二）教师的劳动与报酬

教师是教育过程的组织者、领导者和实现者。他们对受教育者进行教育和训练，把受教育者培养成为我国社会主义现代化建设的有用人才。教师劳动的目的在于培养劳动力和各种专门人才，没有教师的辛勤劳动，各种熟练劳动力和专门人才的培养就无法实现。因此，教师的劳动是促进经济、社会、科技发展的重要条件。教师的劳动属于何种性质，具有什么特点，教师需要具备哪些素质和条件，如何确定教师的劳动报酬，以及我国现行的教师劳动工资制度、福利待遇情况怎样，这些都是教育经济学需要阐明的重要问题。

当然，不同国家、同一国家不同时期面临的教育经济问题不同，教育经济学要研究的具体问题和重点也不同。

二、教育经济学的研究方法

教育经济学同其他学科一样，需要利用科学的研究方法完成自己的研究任务。但由于教育经济学研究的对象是教育与经济的相关领域，所以它的研究要应用经济学的原理和方法。教育经济学研究的是在教育与经济相关领域的重大理论问题和教育实践中提出的重大问题，因此，既不能只就经济谈教育，也不能只就教育谈经济，应当联系历史、社会、政治、文化等方面，综合地进行探讨。即必须从社会经济发展的历史角度追根溯源，只有这样，才能从方法论上提高深度分析问题的能力。具体来讲，在教育经济学的研究过程中，我们应将定性分析和定量分析、实证分析和规范分析、静态分析和动态分析、宏观分析和微观分析结合起来，构成较完整的教育经济学方法论体系。

（一）定性分析和定量分析相结合的方法

质和量的对立统一，是马克思主义哲学的基本原理之一。一定的量总是和一定的质相联系，因此，教育经济学既要注意对质的分析，又要从这门学科的特点出发，注意研究、探索教育的数量关系，用必要的数据来说明问题，把定性分析和定量分析结合起来。

定性分析是从事物的现象出发，大量占有材料，经过分析和综合，找出其规律的方法。"经过思考作用，对丰富的感觉材料进行去粗取精、去伪存真、由此及彼、由表及里的改造制作，形成概念和理论的系统"。定性分析，能更深刻、更正确、更完全地反映事物的本质。人的正确认识来自社会实践，事物的本质存在于大量的现象中，要揭示教育与经济的关系，我们必须以大量的调查研究和社会实践为基础。脱离实践，不占有大量的材料，就无法进行科学的抽象，就不可能揭示教育与经济的本质联系。在占有大量材料和进行社会实践的基础上，我们还必须进行艰苦的理论研究，从教育与经济关系的大量现象中，抽象出其本质的关系，概括出其概念、范畴，进行推理和判断，形成理论并在实践中检验和修正。定性研究是定量研究的基础。辩证唯物主义认为："不同的矛盾，只有用不同的方法才能解决。"例如，马克思在《资本论》中对一系列经济范畴的概念，如价值、剩余价值和利润等，既做了定性分析，又进行了大量的定量研究。他对货币转化为资本的最低数量界限，对资本主义和社会主义制度下机器使用的不同界限都做过具体探讨。在研究社会再生产两大部类的比例关系的过程中，他使用投入产出法对经济增长进行了持续五年的定量分析，还使用过"边际"的概念来进行分析。他说："增加的资本同增加以前的资本相比，如果只能生产出一样甚至更少的剩余价值量，就会发生资本的绝对生产过剩。"马克思的这些理论论述和实际分析，都说明定量分析是任何一门社会科学研究不可缺少的重要方法。

定量分析是用数量表示事物和社会现象的存在、发展、变化以及构成事物和社会现象的成分、关系、空间排列等的规定性的研究方法。教育经济学主要应用定量分析中的数学计量方法研究教育与经济相互关系、相互作用及其构成的数量变化和数量关系，以期寻找出一定的规律。如教育投资与国民收入增长的关系、教育投资的社会经济效益、教育资源利用效率的数量分析等。教育经济现象具有质和量的特征，我们认识教育经济现象需要从质和量两方面出发来揭示其本质特征。教育经济学应用定量分析的目的在于引进量的概念，借助数学工具和方法探讨教育与经济相关的各种现象和数量变化规律，使人们对教育经济现象的认识更加深入、准确和科学。教育经济学应用定量分析时，要以定性分析为基础，把二者相结合，以便获得更加准确和科学的结论。

（二）实证分析和规范分析相结合的方法

实证分析方法是一种以既定的社会行为为前提，分析和预测在这种前提下产生的社会现象之间的相互作用、不断再生和不断变化的运动过程的方法。我们运用实证分析既要反对经验导入，也要反对先验分析。它不能事先就对事物发展变化的规律做出理论概括，而是首先描述一定条件下事物发展变化的形式，并从这些形式的运动中找出影响事物发展变化的因素以及这些因素之间相互作用、不断发展变化的过程，从中把握运动规律。

实证分析方法可以帮助我们解决教育经济学研究的一些主要问题。譬如，关于教育投资问题的研究，便不能拘泥于已有的教育投资理论框架，而应首先描述教育投资与人力资本形成的关系，然后分析其内在因素的运动过程，找出其运行中弊病产生的根源，寻找解决问题的途径。

规范分析以一定的价值判断作为出发点，提出行为的标准，并研究如何才能符合这些标准。规范分析力求解答"应该是什么"的问题，或者说，它说明的是为什么要做出这种选择，而不做出另一种选择。

规范分析对教育经济学研究很有用，如教育的管理体制、立法、师资培养等问题，均属于规范分析的范畴，都在一定程度上反映了经济和社会发展对教育的要求，因而我们做出这些选择，必须以规范分析为前提。

可以看出，实证分析和规范分析是对同一事物发展变化的不同方面的分析。实证分析强调研究事物发展变化的规律，并通过实际分析验证事物发展变化的结果，不涉及对事物本身的评价；规范分析则强调对价值的判断，它并不是先检验事物发展变化的过程，而是先验证行为本身是否合乎标准，然后才对其发展变化的过程做出判断。

在教育经济学研究中，我们应当把实证分析和规范分析结合起来，既要分析教育与经济发展的相互关系，也要分析二者发展变化的规律，从而完整地把握教育与经济关系的运动规律。

（三）静态分析和动态分析相结合的方法

静态分析是对某一时点上的事物或现象进行分析研究的方法。其特点是承认事物或现象的相对稳定性。教育经济学运用静态分析法对某一时期的教育经济现象进行分析、考察，对其当时的状况和特点做出分析。如对某国、某地、某年按人口平均教育投资量的分析，对某年、某地（校）教育经费的比较分析，对某年国民生产总值与教育投资相对量的分析等。

动态分析是对研究的事物或社会现象在一定时期内的发展变化及运动情况进行分析，以寻找一定规律的方法。在进行教育经济学研究时，动态分析是对某一时期（过去或未来）教育发展与经济发展，教育现象与经济现象相互作用、相互制约、相互影响产生的变化进行分析的方法，是通过研究一定时间内教育经济现象的数量、质量的变化趋势来寻找一定规律的方法。如进入21世纪以来发展中国家教育投资趋势的研究，大、中、小学教育投资比例的发展趋势研究，教育投资与经济增长的相关研究等。它的特点是随时间的变动寻找事物或现象的变化规律，或预测某些教育经济现象在未来一定时间内的发展变化。它在事物或现象运动中进行考察分析。

辩证唯物主义认为，任何事物都处在变化和运动中，都是运动和静止的对立统一。我们研究教育经济现象，应采取动态分析与静态分析相结合的方法。

（四）宏观分析和微观分析相结合的方法

宏观分析是对整个社会、国家以及社会事物总量的发展变化进行考察的分析方法。教育经济学应用宏观分析方法，是从整个社会和国家的角度对教育经济现象进行考察分析，或对一国发生的经济活动和教育活动总量的发展变化及其相互关系进行考察分析。如对教育与经济相互制约关系的研究，对教育投资总量与社会经济收益关系的研究，对教育结构与经济结构、教育与劳动力供求关系的研究等。教育与经济的相互关系，是在一定的社会形态下形成的。教育经济学运用宏观分析法进行研究，要将教育经济置于特定的社会形态下进行考察。如果离开一定的社会经济与政治条件，抽象地研究教育经济现象，那么就不可能得出科学的结论。

微观分析是对单个事物或事物内部进行分析的方法。教育经济学运用微观分析法对教育内部的经济现象或某一教育单位、教育者、受教育者发生的经济现象及经济条件的变化进行考察分析。如对受教育者的个人成本与收益的研究，对学校人力资源的利用效率的研究，对教学设备利用率的分析，对家庭教育投资的分析等。

教育活动都是通过微观教育单位（学校）进行的，微观教育单位的教育活动又在宏观教育经济条件下进行，并受其制约。因此，教育经济学的研究在很多情况下，是用宏观分析和微观分析相结合的方法进行的，二者互为前提、相互补充。微观分析要以宏观研究为背景，以宏观要求为原则；而宏观分析要以微观研究为基础，以微观内容为素材。只有宏观分析与微观分析相结合，教育经济学的研究才能拓展新的内容，取得好的效果，因为这是理论与实践相结合的最好方法。

以上方法是为了分析方便而分别叙述的。然而在具体运用时，我们可根据研究课题的性质与特点，单独使用某种方法或交叉、综合运用几种方法。

此外，社会科学研究的其他方法，如国际比较法、统计分析法、相关分析法、调查研究法等，也都是教育经济学常用的研究方法。

第三节　教育经济学的研究意义

教育经济学作为一门新兴学科，同其他学科一样，它的产生源于客观实践，反过来又指导实践，为实践服务。教育经济学的研究，对政府和教育机构的教育决策和管理、受教育者个人和家庭的教育决策、教育和经济的协调发展与改革、教育科学和经济科学的发展都有重要作用。

一、为进一步确立教育优先发展的战略地位提供理论基础

教育是发展科学技术和培养人才的基础，在现代化建设中具有先导性、全

局性作用，必须摆在优先发展的战略地位。这是国家站在社会主义现代化建设全局的高度，分析研究国际国内经济社会发展的情况和经验后做出的战略决策。在当今世界，知识经济正在崛起，教育的地位和作用日益凸显，教育与经济的联系也越来越密切。国际竞争日趋激烈，正从一般经济领域的竞争过渡到人才的竞争、教育的竞争。在 21 世纪，谁能解决好教育问题，谁就将在激烈的国际竞争中处于有利地位。教育经济学研究与教育相关的经济现象，揭示教育与经济之间的关系，对人类更全面、更系统、更精确地认识整个社会系统的运行规律，教育、经济系统各自的运行规律，以及教育与经济相互间的作用规律有着极为重要的意义。教育经济学研究的不断深入，促使人们的教育价值观发生转变，导致一系列教育观念的变革。用教育经济学揭示的相关规律指导教育和经济的发展与改革，对建立教育与经济良性互动的社会运行机制，实现社会经济的全面、协调、可持续发展和人的全面发展，有着不可替代的作用。

二、为教育体制的进一步改革提供理论指导

改革开放是党在新的历史条件下带领全国各族人民进行的新的伟大革命，是当代中国最鲜明的特色。党的十一届三中全会以来，我们党以巨大的政治勇气，锐意推进经济体制、政治体制、文化体制、社会体制、生态文明体制和党的建设制度的改革，不断扩大开放，决心之大、变革之深、影响之广前所未有，成就举世瞩目。随着各个领域改革的不断深入，我国的教育事业也得到了空前发展，教育体制改革取得了巨大的成就。但是教育与经济不相适应的状况仍然存在，教育与经济相互作用的机制尚未健全。加快经济建设步伐，推动教育事业的发展，深化改革，完善我国教育体制与社会主义市场经济体制，并使两者相互匹配，仍然是摆在广大教育工作者和经济工作者面前的现实任务。因此，在当前形势下，国家迫切需要教育经济学者为教育体制的进一步改革提供理论指导。

三、为科学地制定教育发展战略及规划提供依据

教育是经济社会发展的有机组成部分，只有当教育发展同经济社会发展相协调，教育才能在经济和社会发展中充分发挥作用，教育自身才能得到健康发展。这种协调是多方面、多层次的，主要体现在教育发展的目标、规模、结构与经济和社会的发展目标、规模、结构的协调上。教育该如何适应经济社会发展趋势对各类人才的需求，教育与经济的发展怎样才能形成良性循环，这一循

环形成和发展的特点、规律有哪些？这些问题都需要我们通过研究教育与经济的相互关系及其联系的基本途径来解答，并揭示其中必然的、内在的、本质的联系，根据经济和社会发展的规模、速度和结构科学合理地制定教育发展战略和规划，更好地促进教育与经济社会的协调发展。

四、为进一步提高教育的投资效益提供切实可行的思路

当今世界社会和个人对教育的需求日益增长，而可用于发展教育的资源则十分有限。因此，提高教育资源的配置效率，在人力、物力和财力有限的条件下，尽可能多地培养质量更高的人才，是摆在教育管理者面前的一项重要任务。教育投资与效益的研究是教育经济学重点研究的内容，通过学习和研究，我们可以对教育投资、教育成本、教育规模经济、教育经济效率和教育经济效益的原理、原则等有深刻的理解和认识。这有利于我们对目前教育资源方面存在的问题形成科学合理的观点，找出问题的关键所在，揭示经济规律在教育领域中的作用及特点，从而为科学合理地解决这些问题奠定基础。通过学习和研究，我们可以熟练掌握教育投资与效益的具体计量模式和方法，找到提高办学效益的途径，充分了解影响教育投资利用效率的因素。可见，通过教育经济学的学习和研究，我们可以发现我国教育资源方面存在的问题，找出科学合理、切实可行的提高资源利用效率的措施，从而提高教育部门和学校的管理水平，提高教育工作的经济核算水平，最终提高学校的办学效益。

五、为政府及教育行政部门提供理论与方法指导

现代管理的一个重要观点是管理的重心在决策，因为任何管理工作都是围绕决策的制定和实现展开的。这样，决策的科学化就显得十分重要。而实现决策科学化的重要条件是对客观规律的正确认识和对信息的充分掌握。政府的宏观教育决策内容主要包括在一定经济发展水平下，政府应将多少财政资金用于教育，在三级教育中应如何分配这些资金，采取何种制度、政策才能使这些资金得到有效使用，以及如何协调教育和经济社会发展的关系。教育行政管理部门的决策和管理主要包括如何根据劳动力市场和社会发展变化的需求决定学校类别的增设及系科专业的设置、调整，如何最有效地使用教育资源，如何在教育资源配置过程中正确处理公平与效率的关系。对家庭和受教育者而言，如何在就业和受教育之间，在接受何种程度和类别的教育之间做出选择，都取决于决策者对教育与经济之间的关系、教育中投入和产出的关系的认识。教育经济

学中的对策研究还可以根据一个国家或地区不同的历史发展阶段和不同的客观条件，给出可供选择的各种方案，供决策者选择。

总之，教育经济学的研究对于人们正确认识教育与经济的相互关系，促进教育与经济的协调发展，提高教育部门和学校的管理水平，提高教育投资的使用效率和经济效益，推动教育的发展和改革，都具有十分重要的作用。此外，教育经济学作为教育学和经济学的交叉学科，可以丰富教育科学和经济科学的内容，促进教育科学和经济科学的发展。

第二章 教育经济学的形成与发展

第一节 早期教育经济思想

一、古代教育经济思想

在古代，人类的工作性质较为简单，工作所需要的技能无须通过教育来培养。家庭教育的主要任务是传递日常的生活经验，而学校教育的任务则是传播古代社会的四书五经，为科举做准备。虽然古代没有系统的教育经济思想，但是教育对社会经济发展仍然起着作用，仍旧有一些朦胧的教育经济思想，它们是我们研究教育经济问题的宝贵遗产和财富。

在先秦诸子中，有不少思想家认识到教育与经济的关系以及教育的经济价值，认为教育是国家富强的先决条件之一。春秋初期，齐国的政治家与思想家管仲认为经济是强国之本，为此，国家除了开发资源外，还要对民有所"予"，才能有所"取"。这里所说的"予"，就是教人民生产知识和技术。此外，他还提出教育是富国强兵之道，主张教导民众制造和改进农具，传授民众冶炼技术等，从而极大地提高了齐国的生产力，增强了国力。"十年树木、百年树人"的思想也来自管仲，至今依然是对教育价值的经典描述。

"一年之计，莫如树谷；十年之计，莫如树木；终身之计，莫如树人。一树一获者，谷也；一树十获者，木也；一树百获者，人也。"这是管仲在《管子·权修》中所言。

春秋末期的思想家孔子提出了"庶、富、教"的观点，在他看来，人口、经济与教育是立国、治国的三大要素，三者的先后顺序表明孔子既认为教育对社会的发展有重要作用，也认为实施教育必须以"庶、富"为先决条件。孔子对教育与经济关系的认识在当时是比较超前的。

思想家墨子认为，生产发展得如何与社会财富的增减、人们生活的苦乐息息相关。他主张提高生产必须施之以教。《墨子·鲁问》中记载了他与农学家吴虑的一次谈话："子墨子曰：'籍设而天下不知耕，教人耕，与不教人耕而独耕者，其功孰多？'吴虑曰：'教人耕者，其功多。'"说明墨子已经朴素地认识到教育的经济意义。

有关教育经济的朴素思想，在古希腊哲学家柏拉图的《智术之师》一书里也有过论述。他提出把生产工艺分为两个部分，其中一部分是耕田、畜牧、仿制器具，这一类与知识的关系甚为密切。他说："如果把算术、量积、称重等方法从生产工艺中拿掉，那剩下的就只有猜测了。"由此可见，虽然古希腊时代生产力水平还相当落后，教育对经济的价值没有完全体现出来，但是人们已经形成了朴素的教育经济思想，只是没有形成完整的教育经济学体系。

上述政治家、哲学家和教育家尽管在其思想中都提到了教育与经济的关系，但是由于生产力和科学技术水平的低下，生产劳动基本处于简单的手工劳动阶段，机器操作也不复杂，知识在生产中的应用还非常有限，教育对经济的影响还未充分体现。因此人们并不能充分认识教育在促进经济发展和增加个人财富、技能方面的重要意义，也就不能形成比较系统的教育经济思想。

二、近代教育经济思想

（一）古典经济学家的经济思想

古典经济学产生于17世纪下半叶，成型于19世纪初期的英国和法国，代表资本主义社会上升时期新兴资产阶级利益，具有一定的科学经济理论成分。到了19世纪30年代，庸俗经济学取代古典经济学在资产阶级政治经济学中占据主导地位。与此同时，科学技术和生产力得到进一步发展，使教育在经济中发挥更加重要的作用。在此，我们主要选择几个重要的经济学家来做介绍。

英国古典经济学创始人威廉·配第在其1676年出版的《政治算术》和1691年出版的《爱尔兰的政治解剖》等著作中，提出了劳动创造价值、复杂劳动比简单劳动能创造更多价值的思想。他认为"技艺"为土地、资本、劳动之外的第四生产要素，基于科学技术的劳动更具有复杂性。他指出，具备技艺的人所做工作产生的价值，等于没有技艺的人所做工作产生的价值的两倍。他认为，由于人们素质的差异，他们所提供的生产力也是不同的。他还提出采取措施进行必要的资本投入以提高人口素质的思想，由此可以看出，威廉·配第已经有了教育经济思想。伴随着古典经济学的产生，教育经济思想初步形成。

英国古典经济学的奠基人亚当·斯密对早期的教育经济思想进行了较为系统的分析，他在代表作《国富论》一书中，首次把人的经验、知识、能力视为国民财富的主要内容和生产要素。他认为人们学到的有用的技能是和机器、工具等生产资料一样的财富。他还进一步指出，要学习这种技能"须受教育、进学校、做学徒"。

德国经济学家弗里德里希·李斯特在代表作《政治经济学的国民体系》中，分析了教育在经济发展中的作用，提出了与"物质资本"相对应的"精神资本"概念。他认为物质资本是由物质积累形成的，而精神资本则是智力的成果和积累。他把国家最重要的工作划分为精神工作和物质工作，认为这两种工作是相互依存的，精神生产的任务在于促进道德、文化和知识的发展等，这方面的成就越大，物质财富的产量就越大；反过来，物质生产越发达，精神生产就越容易获得推进。由此可见，李斯特明确地把人的体力也视为精神资本，即现代的人力资本，这种论点对于教育经济学的建立有很大的启发作用。

（二）马克思主义教育经济思想

马克思和恩格斯所创立的哲学、政治经济学、科学社会主义理论体系中，包含着丰富、科学的教育经济思想。马克思和恩格斯批判地吸收了古典政治经济学的合理成分，完成了政治经济学的伟大革命，形成了马克思主义的教育经济思想，其主要内容有以下几方面。

1. 教育与经济的辩证关系

马克思和恩格斯的历史唯物论科学地揭示了教育与经济之间的辩证关系。马克思、恩格斯认为物质资料生产是人类社会存在和发展的基础，它决定着人类的政治生活和精神生活，也决定着教育的发展。经济基础决定上层建筑，物质生活的生产方式影响着整个社会生活、政治生活和精神生活的过程。一方面，国家的经济实力决定着教育的规模和发展速度，没有强大的经济实力，教育发展所需要的经费、硬件就难以得到保障。另一方面，教育提高了受教育者的文化水平和知识技能，受教育者能为经济发展贡献自己的才智，进而有利于经济的发展。马克思和恩格斯的唯物史观深刻地揭示了社会存在和社会意识、物质生活条件和精神生活条件之间的相互关系。

2. 教育的社会经济功能

马克思把教育的社会经济功能放在社会再生产中加以考察，在《资本论》中阐明了社会再生产的过程是物质资料再生产、劳动力再生产、社会生产关系再生产的有机统一。而劳动力再生产既是社会再生产的必要条件，又是教育与社会再生产的连接点。他还认为，劳动者是生产力中最活跃的要素，劳动者从事生产劳动，必须具有一定的劳动能力。而随着科学技术和生产力的发展，劳动者从事生产劳动，必须掌握一定的科学文化知识和技能，而这种知识和技能的培养必须依靠教育和培训。因此，在马克思看来，教育的社会经济功能主要通过提高劳动者的生产能力来体现。

3. 劳动价值论与教育的社会经济效益

教育的社会经济效益是教育经济学的一个重要问题，在国家经济增长中如何计量教育做出的贡献是当今国内外教育经济学尚未完全解决的难题。马克思的劳动价值论为正确解决这一问题奠定了理论基础，认为复杂劳动之所以等于加倍的简单劳动，是由于教育和训练的结果。在马克思看来，教育之所以能促进经济增长，是因为教育可以提高劳动者的劳动技能，把简单劳动变为复杂劳动，从而提升劳动效率，创造更多价值。

第二节　国外教育经济学的形成与发展

一、教育经济学产生的社会历史条件

任何一门学科的形成都不是一蹴而就的，而是经过较长时间的理论积淀，在特定的时代背景中产生的。教育经济学是现代社会、经济、科技和教育发展的产物。总体来看，教育经济学形成的历史条件主要包括以下几个方面。

（一）理论渊源

西方教育经济学理论的建立主要得益于经济增长和经济发展理论的发展。20 世纪 50 年代后，西方经济理论界出现了一种新的经济增长理论，即经济增长和经济发展理论。经济学家对 20 世纪发达国家经济增长和腾飞的原因进行归纳，对发展中国家如何追赶经济发达国家进行探索，于是提出了"人力资本理论"。这一理论认为，经济发达国家之所以经济发展速度较快，最主要的原因是发达国家重视人力资本投资，重视教育投资，重视通过教育来提升劳动者的素质。最典型的例子是日本和德国，它们经济快速发展的主要原因在于重视教育投资，拥有强大的、高质量的人力资源。所以，人力资本理论是教育经济学产生的理论根源。

（二）社会背景

科学技术和生产力的快速发展是教育经济学产生的社会条件。自 20 世纪 50 年代后，世界进入一个相对平静的时期，主要发达资本主义国家进入了经济发展的黄金时代，它们都把经济增长作为国家的主要目标。科学技术的发展及其广泛应用，极大地推动了生产力的发展，同时，科学技术的发展也对劳动者的文化素质提出了越来越高的要求，劳动者素质的提高成为促进经济发展的必要条件。而面对新的技术要求，只有熟练掌握科学技术知识的劳动者才能更好地为经济发展做出贡献，因此，教育成为培养熟练劳动者、提升劳动生产率的重要途径。基于此，教育与经济的关系越来越密切，二者相互促进、相互制约。在社会对教育需求膨胀的同时，社会对教育的供给也大大增加。例如，1950 年美国政府经常性教育经费开支为 96.5 亿美元，1960 年增至 194 亿美元，1970 年猛增到 558 亿美元，20 年间教育经费开支增长了近 5 倍；同期美国教育经费开支在 GNP 中所占的比例也从 3.4% 增长到 6.4%。由此可见，世界各国为了培养高素质的劳动者，提高劳动生产率，都非常重视教育事业的发展，并加大了对教育的投资力度，使教育快速发展，成为推动经济发展的决定性因素。

（三）计量经济学

计量经济学亦称为"经济计量学"，是当代西方经济学的一个重要分支学科。它把经济理论用数学形式表示出来，运用数理统计方法，对实际统计资料进行估算后加以验证，为经济理论中关于经济变量之间的依存关系的定性分析提供定量资料，便于预测未来和规划政策。经济学家在运用传统的计量经济增长的方法计算国民经济增长总额时，出现了剩余因子。按照传统的经济学观点，生产的增长是土地、资本和人力三要素增长的结果。经济学家通过分析发现，土地的因素变化不大，人力和资本是主要变化因素。资本的变化带来的经济增长可以计算出来，而人力数量的变化不能解释和说明剩余的增长量，除去人力数量的增长带来的变化之外，还剩余一部分增长量无法用传统的三因素加以说明。许多经济学家经过专门的研究发现，在分析劳动收入增长方面，应该有劳动力质量因素，也就是说教育是剩余因子的一个重要组成部分。由此可见，剩余因子的发现得益于计量经济学的进步和发展，使人力资本理论有了数据支撑，所以计量经济学直接推动了教育经济学的产生。

二、教育经济学的形成（20世纪60年代）

人力资本理论是教育经济学的理论基础，因此，人力资本理论的创立标志着教育经济学的形成。此外，20世纪60年代，一批教育经济学专著和研究论文的出现是教育经济学成为一门独立学科的标志。

美国经济学家沃尔什在1935年的论文《人力资本观》中首次提出人力资本的概念，把教育看作个人的投资行为，评估了美国的人力资本存量，计算了个人接受大学教育的收益。

美国经济学家弗里德曼在1946年分析了医生通过接受专业教育获得的经济回报。美国经济学家舒尔茨提出的人力资本理论对教育经济学的发展产生了重要影响。

首先，舒尔茨提出了"人力资本"的概念。通常意义上，资本指能够带来预期的经济效益的东西，而投资则是为了取得资本而必须付出的代价。例如，一个生产洗衣机的公司为了通过洗衣机获取利润，就必须购买相应的设备、厂房以及雇用一定数量的工人等，这些厂房、设备都是资本，花费在厂房、设备和工人的工资上的资金就是投资。传统意义上，经济学理论仅把实际存在的物质产品看作资本，而舒尔茨却明确提出劳动者通过教育获得的知识和技能能够带来一定的经济效益，因而教育就是一种投资。正如舒尔茨所言："我主张把教育当作一种对人的投资，把教育所带来的成果当作一种资本。因为教育已经成为受教育者的一部分，所以我将其称为'人力资本'。"

其次，舒尔茨提出了人力资本投资的几种途径，包括医疗和保健、在职人员培训、学校教育、成人学习、工作迁移五个方面。尽管后来的许多研究者都提出了其他获取人力资本的方式，但是他们无疑都受到了舒尔茨开创性理论的启发。

最后，舒尔茨首次定量地估计出教育对经济增长的贡献。舒尔茨对经济增长理论中的"索罗残差"问题非常感兴趣，他估算出了教育资本的数量，并利用相关数据估算出教育对经济增长的贡献率。

三、教育经济学的发展（20世纪70年代至今）

进入20世纪70年代以后，资本主义世界经济发展逐渐放慢，教育的快速发展并没有带来劳动生产率的提高，反而有所下降；教育机会的均等并未改变收入不均的情况；高等教育的大众化并未降低失业率，反而出现了大批的高学历失业者。在这种情况下，很多学者对人力资本理论提出了批评与质疑，提出了不同理论。比如，筛选理论。依据人力资本理论的观点，教育能够显著提高受教育者的职业技能，过度教育只是一个暂时现象，随着受教育者工作经验的累积，过度教育将逐渐消失。然而，筛选理论提出了不同的看法，教育最主要的作用是能够标识劳动者在劳动力市场中不同的生产能力，依据不同的学历和文凭把具有不同能力的劳动者区分开来。因此，筛选理论认为教育的经济价值主要体现为对劳动者的甄别，而不是提高劳动者的素质。此外，人力资本理论在这一时期也取得了一定的发展。1974 年，明瑟提出了"工资方程"，对教育收益率的研究产生了巨大影响。以希腊教育经济学家萨卡罗普洛斯的研究为代表的教育收益率研究，证明了教育对个人和国家都具有重要的经济价值，成为教育经济学的热点。

20 世纪 80 年代，教育经济学的研究中心开始转移，不再单一地考虑教育对于经济的贡献与价值，开始关注教育的效率与公平。在教育效率方面，学者通过建立生产函数、构建评价指标等方法研究教育投入与产出的关系，并提出一系列提高教育效率的方案。在教育公平方面，学者通过研究入学机会的平等、教育与收入的关系等探讨如何用经济学的方法促进教育公平。

进入 20 世纪 90 年代后，教育与经济增长的关系成为教育经济学最重要的课题之一。与早期侧重分析某个国家的经济增长因素不同，这一时期的教育经济学主要依据内生增长理论，利用跨国或跨地区的数据，分析知识的积累、生产以及人力资本对国家、地区经济增长的影响。

综上所述，从诞生到今天，教育经济学已经从向公众解释教育经济价值的人力资本理论发展到百花齐放的多元理论，教育经济学不仅能够解释教育中的经济现象，还能够指导教育实践和改革，并逐渐吸收经济学、社会学、教育学等多学科的最新研究成果，研究方法也逐渐将理论与实践、定性与定量分析相结合，教育经济学已经从最初的一种理论发展为多理论构成的全面、成熟的理论体系，在教育实践中有着较强的生命力。

第三节　我国教育经济学的形成与发展

一、学科萌芽（20 世纪 70 年代）

我国在春秋战国时期就已经产生了关于教育与经济之间关系的思想。到了近代，魏源、龚自珍也意识到了教育对改良社会和增强国力的重要作用。陶行知对教育与生产发展之间的关系、教育对经济的作用等发表过很多有价值的看法。杨贤江在其著作《中国教育之经济观》中，运用经济学的理论阐述了中国的教育问题。

在我国，教育经济学作为一门学科，直到1979年才在全国教育科学规划会议上被提出。随后，1979年12月邱渊在《教育研究丛刊》的第一期发表了《教育经济学的形成、发展及现状》一文，从教育经济学的思想渊源、早期探讨、初步形成、继续发展和现况概要五个方面介绍了教育经济学，为人们较为系统地理解该学科研究的基本成果奠定了基础。这是我国教育经济学的学科萌芽时期。

二、学科形成（20 世纪 80 年代—20 世纪 90 年代）

改革开放后，中央教育科学研究所在北京召开全国教育经济学研究工作交流会，于光远、许涤新、董纯才等著名经济学家和教育家在会上倡议建立我国的教育经济学。1981年8月刚成立的教育经济学研究会筹备组在北京举办讲习班，邱渊系统地介绍了西方教育经济学的产生、发展和学科基本内容。从此，教育经济学研究活动在全国蓬勃发展起来。1984年10月，中国教育学会教育经济学研究会成立大会在安徽省黄山市召开，1985年教育经济学研究会创办的《教育与经济》杂志公开出版发行。至此，我国逐步建立起具有中国特色的教育经济学体系。与此同时，我国教育经济学的研究内容不断丰富，从最初的关注教育的经济价值，到关注教育投资的经济价值理论、教师的劳动报酬、教育投资的经济效益以及教育的成本问题。由此可见，我国教育经济学的学科体系不断成熟。

在这一阶段，我国教育经济学的学术成果大量涌现，既包括对国外教育经济学的引介，也包括国内学者的教育经济学研究成果。其中，译著主要包括：科恩的《教育经济学》，科斯坦扬的《国民教育经济学》，舒尔茨的《教育的经济价值》《人力资本投资》，贝克尔的《人力资本》。我国学者撰写的教育经济学著作主要包括：厉以宁的《教育经济学》，北京师范大学教育经济学研究组集体编写的《教育经济学》，王善迈的《教育经济学概论》，靳希斌的《教育经济学》等。这一时期还出现了许多有代表性的研究专著，如王善迈的《教育投资与财务改革》、秦宛顺与厉以宁合著的《教育投资决策研究》、靳希斌的《市场经济大潮下的教育改革》。总之，20世纪80年代末—20世纪90年代初，伴随着我国市场经济体制的建立，我国对教育经济学的研究也发展迅猛。此外，高等教育的迅速发展也使"高等教育经济学"这一子学科应运而生。总之，经过这一时期的充分发展，我国教育经济学已基本形成。

三、学科全面发展（20 世纪 90 年代至今）

20 世纪 90 年代以来，我国教育经济学处于全面发展阶段，教育经济学的研究成果逐渐丰富起来。一方面，理论创新的研究成果不断涌现，很多研究者开始从新的视角来反思教育经济学的学科独立性，随着量化研究方法和新的统计技术的发展，更多的研究者借鉴其他学科的研究方法来重新思考教育经济学的研究方法。另一方面，更多的研究者将西方的教育经济学理论用来分析中国的教育实践问题，形成了丰富的实证研究成果。

第三章　教育经济学的理论基础

第一节　人力资本理论

人力资本理论是教育经济学的核心。人力资本理论是关于人力资本的概念界定、人力资本形成和使用的理论。它有一套较为完整的理论体系和实证方法，很多经济学者为早期人力资本理论的形成和发展做出过卓越的贡献。人力资本理论仍在不断发展，对教育理论的形成和教育政策的制定产生了非常重要的影响。

一、人力资本

（一）人力资本的概念

国外研究者一般认为，现代经济学人力资本概念的产生受到马克思资本概念的启发，所以我们从资本的一般概念入手介绍人力资本概念。

1. 资本

资本作为现代经济学的基本概念，源于马克思主义学说对资本主义生产过程的理论分析。在现代经济学中，"资本"这个词汇有两个主要含义：一个是马克思主义政治经济学对资本的定义，另一个是会计学对资本的定义。马克思主义政治经济学认为，资本是能够带来剩余价值的价值，资本不是物，而是通过物体现资本家对工人的剥削关系。从与人力资本概念的关联性而言，马克思主义政治经济学对资本的定义有两个突出的基本特征：第一，资本是投资于劳动者个人的资金；第二，资本能够自我增值。

虽然现代西方经济学很少使用马克思主义政治经济学的资本概念进行相关

经济分析和实际测量，但马克思主义政治经济学资本概念的基本特征，依然在现代人力资本概念中有所体现。

2. 物质资本

现代西方经济学资本概念的外延远远大于马克思主义政治经济学资本概念的外延。它把投资于生产资料等物质上的资金也称为资本。现代会计学的资本定义和西方经济学的资本定义一致，既包括马克思主义政治经济学的所谓资本，即现代经济学所宣称的人力资本，也包括物质资本。

物质资本是体现在物质产品上的资本，如厂房、机器、设备、原材料、燃料和半成品等。物质资本是和人力资本相对的经济学概念。因此，在现代西方经济学中，作为和物质资本比对而产生的人力资本又被称为"非物质资本"。

大部分西方经济学学者尤其是马克思之前的经济学学者，都相对重视物质资本在社会物质资料生产和再生产中的作用，而忽视人力资本的作用。

3. 人力资本

对人力资本内涵的认识因研究者关注的侧重点不同而有所不同。比如，有研究者认为，人力资本是体现在劳动者身上的资本，如劳动者的知识技能、文化技术水平与健康状况等。也有研究者认为，人力资本是人们对劳动者个体进行投资所获得的能够增加个人未来收益、促进国民经济增长的知识与技能，是对人力资源开发进行投资而形成的资本。它将潜在的生产力与物质资本相结合，转化为现实生产力而实现其价值。这里作为人力资本投资者的"人们"既包括劳动者个人，也包括雇主和社会。

研究者对人力资本内涵的认识一般包括三个方面：从人力资本的产生途径看，它是对劳动者个体进行投资所获得的资本；从人力资本的表现形式看，它是体现在劳动者身上的知识、技术和能力，尤其是生产能力；从人力资本的价值实现看，它将潜在的生产能力与物质资本相结合，从而增加个人收益，完成价值实现，并最终促进国民经济增长。

（二）人力资本的独特性

人力资本与物质资本一样，根本特征是能够带来价值增值。价值增值就是人力资本在再生产过程中生产出比原来价值更大的价值。但是，人力资本也有独有的特征，这个特征只有在和物质资本相比较的过程中才能突显出来。和物质资本相比，人力资本与人的身体不可分离，活的肉体是人力资本的唯一载体，个体的生命存在方式就是人力资本的基本存在方式。这是人力资本与物质资本最重要的区别，是导致人力资本和其他类型资本明显不同的根本原因。人力资本的许多特点都是由此衍生出来的。人力资本的特点主要包括以下几方面。

1. 人力资本具有生命周期性和可再生性

因为人力资本的载体是有生命周期的个人，所以人力资本的形成与使用具有严格的时间性。虽然物质资本的投资使用也有一定的时间性，但是人力资本的时间性更严格。人的年龄及生命状态的变化对人力资本具有决定性影响。这种影响表现在以下四个方面：其一，人力资本投资周期更长；其二，个体投资时间集中，主要在青少年期；其三，个人所能拥有的人力资本相当有限，这种有限性主要源于个人体力、精力和生命长度等自然条件的约束；其四，在生命周期内，个体的人力资本存量可以通过再生补偿、折旧，从而保持或提高资本效益。

2. 人力资本具有主体性和意志性

既然人力资本的载体是有生命的个体，那么个人在人力资本的形成和使用过程中，就具有能动性。也就是说，人力资本的形成与效能的发挥受其所有者主观意志的控制或影响。比如，在升学选择时，高考分数和其他条件都相似的考生所选择的高校和专业可能存在明显差异。这就体现了个体主观意志对人力资本的影响。

3. 人力资本是个体性和社会性的统一

人力资本的物质载体是人本身，而人生存于特定的社会环境中，因此人力资本的变化，除受各种经济条件和生理条件的约束外，还受特定生产关系、社会制度、文化习俗、宗教信仰等因素的制约，这使人力资本具有鲜明的社会属性。

（三）人力资本形成的途径

人力资本主要是通过人力投资形成的。现代社会里，人力投资主要包括用于卫生保健的支出、用于教育的支出、用于劳动力国内流动的支出和用于劳动力国际流动的支出。其中，教育支出是最主要的途径。

用于卫生保健的支出包括医疗、保健、营养以及体育锻炼等费用，卫生保健的支出形成健康资本。它是其他人力资本形成、积累和发挥效能的先决条件和基本保证。

用于教育的支出指个人和社会为获得教育而支付的费用。教育支出形成教育资本。这里的教育不仅包括正规学校教育，也包括在职培训和各种各样的继续教育等。各级各类学校教育是最主要的形式。教育支出和教育资本是人力资本理论研究的核心。

用于劳动力国内流动的支出是指劳动者为了获得更好的劳动报酬而从一个地方流动到另一个地方所需要的各种费用。劳动力国内流动的支出实质上是资源配置资本。

用于劳动力国际流动的支出是指劳动者为了获得更高的劳动报酬而从一个国家或地区流动到另一个国家或地区所需要的各种费用。对欧美国家的劳动者尤其是高学历劳动者而言，国际流动非常普遍。劳动力国际流动支出实质上也是资源配置资本。也有研究者把劳动力国内流动支出和国际流动支出合二为一，统称为劳动力流动支出。

（四）人力资本存量及测量

人力资本既然是一种资本，就存在数量多少和衡量方法的问题，这就是人力资本的存量及测量。人力资本存量的测量有点类似于物质资本，但是比物质资本要复杂得多。

物质资本存量的测量分为粗略测量和精细测量。粗略测量使用物质资本的物质形态来表示。物质资本具有各种具体形态，如工具、机器或厂房；物质形态有具体的数量单位，如5件工具、3台机器或2座厂房等。我们可以这样表示，比如，A企业具有10间厂房和20台机器，B企业具有2间厂房和10台机器等。但是我们不能就此认为A企业比B企业的物质资本存量要丰富，因为有可能B企业的厂房和机器的单位价格比A企业要高很多。所以我们如果要进行合理比较，首先必须进行详细测量。详细测量就是把不同物质资本形态转换为相同的货币价值尺度。

理论上，人力资本也可以采取这种思维进行衡量。不同形式的人力资本具有不同的数量标准和计量单位。例如，教育资本。个人的教育资本可以用一个人所接受或最终完成的教育等级来衡量，如小学、初中、高中、大学和研究生等；就一个群体或社会而言，其拥有的教育资本存量可以用文盲率、各级学校的入学率、完成各级教育水平的人口占该人口群体的比重和平均受教育年限等指标来衡量。再如，健康资本。个人健康资本存量的衡量指标包括身体发育状况、营养状况、无病时间或患病时间等；一个群体或社会的健康资本存量可以用死亡率、发病率、平均期望寿命等指标来衡量。

但是，上述各类人力资本存量的指标存在一些缺陷，最主要的问题是无法反映一个个体、群体或社会所具有的人力资本的总体存量水平。为了解决这个问题，我们必须把人力资本的存量转换成货币单位，即用人力资本的货币价值来反映人力资本的存量水平。由于人力资本的投资和使用价值不是在同一时间发生的，因此必须进行价值折现后才能相加。具体折算方法请参考后面相关章节的分析。

利用这种计算方法得出的人力资本价值仍具有很大的相对性。第一，它只是人力资本市场价值的现时体现，不能准确地反映人力资本的内在价值。第二，同年龄、同等技术水平的人在不同的国家或同一国家的不同地区，其收入水平可能会存在很大差别。不同国家或地区的利率也可能不同，其投资成本也会因此出现差别。因此，这样计算出来的同等存量水平的人力资本价值会有很大的差别，即使劳动者生产出来的产品数量和质量完全相同。一个人如果从低收入国家或地区迁入高收入国家或地区，在其人力资本存量并没有实质性增长的情况下，即使考虑迁移成本，其人力资本的货币价值也很可能出现大幅增长。但是，就一个国家或地区而言，该方法仍不失为衡量人力资本存量的有效方法。

二、人力资本理论的内容和方法

人力资本理论是西方经济学关于人力资本的形成、作用和收益的理论。它包括人力资本概念的界定、人力资本形成和人力资本使用三个方面，核心是人力资本的形成和使用。

（一）人力资本理论的基本内容

如前所述，人力资本形成的途径有很多种，其中教育尤其是学校教育是主要途径。同时，人力资本的物质表现形态即实物形态表现为人的能力尤其是生产能力。作为人力资本理论主要内容的对人力资本的形成和使用的研究，关注的核心问题有两个：学校教育和受教育个人能力形成之间的关系；个人能力在劳动力市场上的价值实现，即能力和个人劳动收入之间的关系，也就是高能力者是否在劳动力市场获得较高的个人收入。

迄今为止，持人力资本观点的研究者众多，理论的细小部分也不尽相同，不过，众多人力资本理论研究者在下述两个基本认识上保持了高度的一致：第一，学校教育能够提高个人生产能力；第二，具有较高生产能力的个体可以在劳动力市场上获得较高的个人劳动收入。

（二）人力资本理论的实证方法

在西方社会科学的传统中，理论之所以成为理论，不在于构成理论的假设或假设体系看起来多么完美，而在于这些假设是否得到了社会实践的系统数据的有力支持。采集相关数据，使用较为科学的统计方法对理论假设进行检验就是理论的实证过程。一旦假设得到数据支撑就可以承认假设的合理性，这时候假设也就暂时成为被普遍接受的理论。在人力资本理论建立初期，很多研究者通过各种努力对上述假设进行过一定程度的实证检验。

这种实证检验在理论建立之初主要采取简化法进行。所谓简化法就是研究者并没有真正检验"教育—能力""能力—收入""教育—能力—收入"三组社会现象之间的复杂因果关系，而只是简单地分析了教育与收入之间的关系。从微观角度看，研究者找到了劳动力市场上教育水平和工资水平之间的相关关系。简化法的检验结果表明，在劳动力市场上，教育水平和工资水平之间存在着明显的正相关，即随着学校教育水平的提高，劳动者的工资收入也明显增加。从宏观角度看，研究者研究了学校教育投资和国民经济尤其是国民收入之间的关系，发现学校教育投资的增加对国民收入的提高贡献明显。相对而言，微观层面的实证方法更为成熟，因此微观层面的理论影响较大。

这种实证检验方法在数据收集方法等技术层面还有很多明显缺陷。因此，人力资本理论在理论科学性上的发展主要就体现在如何完善检验方法上。但是，时至今日，研究者还没有找到更好的理论检验方法。

（三）研究者对人力资本理论的批判

从人力资本理论产生至今的半个多世纪，反对者对人力资本理论的批判很多，最致命的批判是由上述人力资本理论检验方法的不完善引发的。

首先，学校教育水平和工资水平的正相关性未必是教育提高受教育者个体生产能力引起的结果，也有可能是学校教育文凭作为个人能力的筛选工具引发的结果。筛选理论如是说。

其次，学校教育水平和工资水平的正相关性不是以能力为中介，而是以个性特征或身份文化等个人的社会阶层属性为中介。由于个性特征或身份文化和受教育者的家庭背景等社会阶层指标密切相关，因此家庭背景所象征的社会阶层决定了劳动力市场上不同学历者的工资收入。社会化理论如是说。

再次，学校教育水平和工资水平的正相关性是因为学校教育文凭让不同的受教育者进入收入水平不同的劳动力市场。劳动力市场的分割及不同特征才是决定劳动者工资差异的基础。劳动力市场分割理论如是说。

最后，对能力本身的客观性进行追问。能力的形成和使用是人力资本理论的核心，在人力资本理论中，能力是归属于个体的客观存在。如果能力是社会规定的和随外界条件而变化的，而非个人所有和不随外界变化的，那么，学校教育提高个人能力和个人能力决定工资的人力资本理论假设就不攻自破。能力社会构成理论如是说。

另外，还有很多理论提出和人力资本理论不同的观点。比如，高能力者未必能全心全意投入工作，因此高能力者未必是高生产能力劳动者。同时，高生产能力劳动者未必会得到和工作成绩相应的工资报酬。管理学理论如是说。

很多人力资本理论研究者面对这些反对理论的诘问，依据有关数据进行了比较科学的回答。但是，目前为止尚不能断定哪一方在理论的科学性上具有压倒性优势。某一种理论有可能只说明了"教育—能力—收入"之间复杂关系的某一侧面，或者只在历史的某一时期、某一文化和地理的空间里具有有效性。总之，人力资本理论支持者和反对者的理论攻防成为半个多世纪以来教育经济学理论发展的原动力。

（四）人力资本理论的进一步发展

20 世纪 50 年代—20 世纪 60 年代是人力资本理论形成和确立的时期，人力资本理论的确立也标志着教育经济学成为一门成熟的学科。此后，人力资本理论在与各个理论流派的不断争论中得到进一步深化与完善。到今天为止，以人力资本理论为核心的教育经济学大致经历了以下几个发展时期：一是确立时期（20 世纪 60 年代），二是反思时期（20 世纪 70 年代），三是多样化时期（20世纪 80 年代），四是人力资本理论的复兴时期（20 世纪 90 年代以后）。人力资本理论在每一个时期所处的学术地位和影响都有所不同。

人力资本理论的进一步深化发展主要体现在研究领域的拓展上，具体包括以下几个方面：一是对人力资本投资问题的深入研究，主要包括投资形式与途径、人力资本投资收益函数模型、人力资本投资收益问题的经验实证分析；二是对人力资本投资与经济增长关系的深入研究，主要包括人力资本投资对经济增长的作用机制、人力资本与经济增长关系的国际比较；三是对人力资本与个人收入分配关系的深入研究；四是对教育和高新技术发展的研究；五是对教育的规模经济和范围经济的研究；六是对教育成本和财政的研究。其中的第四、五、六点主要体现在高等教育相关领域的发展上。

三、人力资本理论的代表人物

半个多世纪以来，人力资本理论研究者众多。影响较大的有舒尔茨、明塞尔、贝克尔、丹尼森、布劳格和萨卡罗普洛斯等人。虽然不同研究者的理论侧重点不同，在有关人力资本的观点上却保持着高度一致。我们主要介绍对人力资本理论贡献较大的三位早期研究者，分别是舒尔茨、明塞尔和贝克尔。

（一）舒尔茨对人力资本的开拓性研究

舒尔茨是现代人力资本理论的开创者，1902 年出生于美国南达科他州阿灵顿一个小农场主家庭，1928 年在南达科他州理学院获理学学士学位。同年，他在威斯康星大学获理学硕士学位，1930 年获该校哲学博士学位。舒尔茨毕业后任教于艾奥瓦州立大学经济和社会系，后任系主任，1943 年任教于芝加哥大学经济和社会系，并任系主任，1960 年任美国经济学会会长。1972 年舒尔茨退休后又被聘任为芝加哥大学名誉教授。1979 年他由于在经济发展研究领域中所做出的贡献，特别是对发展中国家的经济问题所做的首创性研究，与刘易斯一起获得诺贝尔经济学奖。

舒尔茨的学术思想涉及三个部分：农业经济、人力资本和经济发展理论，三个方面互相之间密切联系。农业经济始终是他研究的重要领域，也是他提出人力资本理论的基础。人力资本理论的形成也使他对农业问题的研究多有创新。农业问题和人力资本理论研究成为他对发展经济学进行深入研究的基础。

舒尔茨对人力资本理论的确立有不可磨灭的贡献。古典经济学家亚当·斯密在他的研究论述中，曾将资本分为固定资本和流动资本。其中固定资本包括社会上人们学到的一切有用的才能，可见亚当·斯密的资本理论中就含有人力资本的成分，但是对人力资本理论还没有进行系统的论述。直到 1960 年，舒尔茨在美国经济学年会上发表了《人力资本投资》的演讲，不仅明确提出了人力资本的概念，还论述了人力资本的性质、人力资本投资的内容与途径、人力资本在经济增长中的关键作用等人力资本理论的基本原理和意义，进而激发了其他研究者对人力资本理论的研究热情。

值得注意的是，在舒尔茨提出以人力资本投资来解释经济增长问题之后，在这个领域进行更为具体的实证分析的代表人物是美国经济学家丹尼森和库兹涅茨，其中库兹涅茨的突出贡献使他获得了 1971 年的诺贝尔经济学奖。

舒尔茨一生著作众多，撰写了 20 多本专著和 200 多篇论文。舒尔茨所撰写的被称为现代人力资本理论基础的一些重要著作如下：《关于农业生产、产出与供给的思考》（1958）、《对人的投资：一个经济学家的观点》（1959）、《由教育形成的资本》（1960）、《教育与经济增长》（1961）、《人力资本投资》（1961）、《对人投资的思考》（1962）、《教育的经济价值》（1963）、《改革传统农业》（1964）、《人力资本投资：教育和研究的作用》（1971）、《人力资源》（1972）、《高等教育最佳投资：公平与效率》（1972）、《处理不平衡能力的价值》（1975）。

（二）明塞尔对人力资本理论的独到贡献

明塞尔是美国当代著名的经济学家，人力资本理论的创始人之一，也是劳动经济学的创始人之一。他1957年毕业于哥伦比亚大学并获得博士学位，毕业后任教于哥伦比亚大学，直至1991年退休。明塞尔虽然没有获得过诺贝尔经济学奖，但是一直被认为是美国最伟大的经济学家之一，他的学术思想对贝克尔的影响很大。

明塞尔从写作博士论文开始，多年来一直从事人力资本的经济理论研究。他研究的重点集中在人力资本与劳动市场的相互影响上。明塞尔对人力资本理论的主要贡献体现在以下几个方面。第一，明塞尔通过他的人力资本投资收益模型，更清楚地表达了人力资本投资收益率的经济含义，即人力资本投资中不仅包括亚当·斯密所说的补偿费用，还包括时间和机会成本。第二，明塞尔较早地提出了人力资本收入函数。收入函数是对收入剖面的经济计量学表述，收入剖面刻画的是随着年龄增长年收入变化的轨迹。收入函数可以较好地分离学校教育与在职培训等人力资本投资的收益，而且揭示了年龄在收入剖面中的作用。第三，明塞尔运用人力资本理论和方法，研究了劳动供给问题，促进了劳动经济学的发展。

明塞尔的主要著作如下：《学校教育、经验和收入》（1974）、《劳动供给研究》（1993）、《人力资本研究》（1993）。

（三）贝克尔是人力资本理论的集大成者

贝克尔是美国著名的经济学家，人力资本理论的创始人之一。他出生于宾夕法尼亚州，早年就读于美国普林斯顿大学经济系，于1951年获学士学位。后在芝加哥大学攻读经济学研究生，于1955年获经济学博士学位。他曾在哥伦比亚大学任教，并在美国国家经济研究所做过短期研究工作，后长期在芝加哥大学经济系任经济学教授并任系主任，同时在芝加哥大学经济社会学系和商学院任教。贝克尔1967年获得美国经济学会颁发的克拉克经济学奖，1992年获得诺贝尔经济学奖。贝克尔虽然不是最早研究人力资本理论的经济学家，但仍然与舒尔茨等人一起被公认为现代人力资本理论的创始人。

贝克尔主张以微观经济学理论为基础，建立经济科学体系，用经济理论研究人类行为，他的理论涉及社会学、人口学、教育学和生物学等多个领域。他还运用数学方法使经济学研究成果定量化，为当代经济学的科学化做出了不可磨灭的贡献。

贝克尔对人力资本理论的突出贡献表现在微观经济学理论基础上，使用定量数据对人力资本理论进行验证分析，使人力资本理论体系化。虽然舒尔茨和明塞尔等人从各自的研究领域建构了人力资本理论的基本框架，并运用这一理论对经济发展原因和其他经济现象做出了更为合理的解释，但是，他们对人力资本理论本身的理论基础和研究方法缺乏深入系统的研究。贝克尔于 1962 年和 1964 年先后发表了《人力资本投资：一种理论分析》和《人力资本：特别关于教育的理论与经验分析》。后者被人们视为现代人力资本理论最终确立的标志，至今已经再版多次。在该书中，贝克尔认为用于增加人力资源、影响劳动者未来货币收入和消费行为的投资是人力资本投资，它包括正规学校教育、在职培训、医疗保健、迁移，以及收集价格和收入信息等形式。他从物质资本和人力资本投资活动的收益率都是相等的、人力资本的边际收入等于边际成本的观点出发，分析和探讨了人力资本形成、正规学校教育和在职培训的支出和收入、生涯收入曲线等问题，并论证了人力资本对经济增长和国民收入增长所起的作用，提出了不同层次学校教育的内部收益率的计算方法。

贝克尔的主要学术著作如下：《歧视经济学》（1957）、《人力资本理论：特别关于教育的理论和实证分析》（1964）、《生育率的经济分析》（1973）、《对人类行为的经济探讨》（1976）、《家庭论》（1991）、《口味的经济学分析》（1996）。

四、人力资本理论的历史地位

人力资本理论在经济学、教育学理论以及相关实践政策的制定等方面有巨大的影响力。我们从人力资本理论的贡献、理论缺陷和产生的历史背景三个方面论述其历史地位。

（一）人力资本理论的贡献

人力资本理论对经济学和教育学发展的贡献是多方面的，有研究者认为，人力资本理论是对世界各国影响最大的教育学理论之一。

1.人力资本理论对经济学理论发展的贡献

人力资本理论对经济学理论发展的贡献是多方面的，具体包括以下几方面：

第一，人力资本理论丰富和发展了古典经济学的资本、劳动等基本经济学概念，促进了包含人力资本在内的资本一般概念的形成和发展，创造了人力资本、人力资本投资等崭新的经济学概念。

第二，人力资本理论促使经济学研究者重新审视不同生产要素在经济增长中的地位和作用。人力资本理论认为，不可再生的自然资源和可再生的实物资本在经济增长中的贡献比例不同，可再生的人力资源在经济增长中的作用逐步上升。

第三，人力资本理论不仅解释了诸多的"经济现象之谜"，还使经济学理论直接面对现实，探索经济增长的源泉和可持续发展的基础。

第四，人力资本理论避免了传统经济学理论对一些重要的经济学概念的割裂，为研究者提供了统一的分析框架。例如，在传统经济学中，生产与消费、工作与闲暇、家庭与工厂等都是割裂的甚至是对立的，而在人力资本理论分析架构中，这些人类经济行为都具有内在同一性。

第五，人力资本理论为经济学研究提供了新的分析工具。这一方面促进了已有经济学理论研究的发展，如对劳动经济学、教育经济学、人口经济学以及发展经济学研究的促进作用；另一方面促使经济学理论关注"非市场活动"，从而促进了新经济学理论的产生，例如，家庭经济学、歧视经济学、卫生经济学和人事管理经济学等。

2. 人力资本理论的实践意义

人力资本理论的实践意义主要体现在与人力资源开发尤其是与学校教育有关的政策制定上，为政府、企业、家庭（个人）选择人力资本投资的形式、途径和时间提供了理论支持。其实践意义主要包括以下几方面：

第一，人力资本理论促使许多国家尤其是发展中国家把人力资源开发纳入国家经济发展规划；人力资本理论促使各国重视学校教育制度的公共投资支出；人力资本理论促使各国在控制人口数量的同时提高人口质量，加强对社会保障和医疗保健的投入；人力资本理论促使政府扩大研究与增加投入，有力地推动科学技术的发展。

第二，人力资本理论还为世界各国的反贫困政策提供了理论基础和决策参考。人力资本理论揭示了个人教育水平、知识技术、能力与个人收入之间的紧密联系，为国家的个人收入调节和扶贫政策提供经济学依据。

第三，人力资本理论认识到物质资本、人力资本的高度互补性和人力资本积累的重要性。这个认识使国家在制定经济决策时充分考虑知识和技术的作用，把人力资本作为必要条件，全面合理地配置经济资源。人力资本理论使企业认识到加强人力资本投资、开发和合理配置人力资源是提高企业经济效益的战略举措。人力资本理论的社会普及和影响扩大也让"教育就是投资"的理念深入人心，无形中提高了社会大众投身教育的积极性。

（二）人力资本理论的主要缺陷

人力资本理论也有一些明显的缺陷，主要表现在两个方面：理论上存在偏差和所提倡的政策没有达到预期目标。

1. 人力资本理论的理论偏差

从理论基础看，人力资本理论建立在新古典经济学的基础之上，因而未能充分认识资本主义社会生产的本质，掩盖了工人受剥削的社会实质。其缺陷更表现在方法论上，实证检验的分析方法过于简单化，对影响个人收入因素的复杂性及其关系分析不够，即使后来有所改进，也尚未完善。

2. 建立在人力资本理论上的政策没有达到预期目的

第一，教育人力资本投资能够提高劳动生产率的理论假设没有得到充分的实践检验。根据人力资本理论，向劳动者提供知识和技能的教育能够提高他们的劳动生产率，但人们通过实际教育发展水平和劳动生产率增长水平的比较，发现两者之间没有必然的联系，甚至随着教育水平的提高有时还出现生产率下降的意外状况。第二，教育机会的相对均等化尤其是高等教育的普及化并没有带来个人收入分配上的实质性平等。第三，发达国家和发展中国家的差距并没有因为学校教育差距的缩小而缩小。这是 20 世纪 70 年代学术界出现诸多反对人力资本理论的观点的最根本原因。

当然，不能否认上述社会实践对人力资本理论的检验具有历史条件性，即相对性和有限性。第一，人力资本价值的充分实现需要其他相应的客观条件，因此，在某一时间段由于其他条件不具备，人力资本的价值没有实现是完全有可能的。第二，人力资本的形成和价值实现是比较长期的过程，俗语"百年树人"和"前人栽树，后人乘凉"就生动地说明了这个道理。因此，仅仅数年间的实践数据难以完全检验人力资本理论，所以，人力资本理论还需要更为长期和系统的实践来检验。

（三）人力资本理论产生的客观条件

任何理论的产生都不是偶然的，更不是个别思想家静坐在象牙塔内主观想象出来的，归根结底来自人类的社会实践。只有当人类社会实践提出了要求，并具备了满足这些要求的客观条件时，一种新的理论才有可能出现。人力资本理论的产生也不例外。人力资本理论产生的客观历史条件可以从物质基础和文化传统两个角度分析。

1. 人力资本理论产生的物质基础

研究者认为人力资本产生的物质基础主要包括以下三个方面：

（1）人力资本论的产生是社会生产力、科学技术和学校教育制度高度发展的结果

从 20 世纪 50 年代中期到 20 世纪 70 年代初期，世界主要发达国家进入经济发展的黄金时代。无论是西欧还是北美，生产和经济都得到了迅速恢复和快速发展。同时，获得民族独立的发展中国家，也在积极探索经济发展的道路，并取得了相当的成就。

这一时期世界经济的迅速发展与新科技革命有着密切关系。科学技术的发展及其在生产上的广泛应用，有效地提高了劳动生产率，进而推动了生产力的发展。科学技术的高度发展对劳动者文化程度的要求越来越高。因为随着科学技术的发展，新技术普及速度越来越快，只有掌握了科学技术知识，劳动者才能发挥最大效用。同时，在原本主要从事体力劳动的劳动者中，非熟练劳动力比重趋于下降。生产劳动逐步知识化和智力化。科学技术人员和各种管理人员在社会生产中发挥着越来越大的作用。

为了培养大批高质量的科学技术人员和管理人员，世界各国都非常重视完善学校教育制度。不少国家采取延长义务教育年限、普及中等教育和迅速发展高等教育的积极措施。学校教育的迅速发展使其在经济发展和经济增长中的战略地位日益提高，逐渐成为社会生产和经济发展的决定性因素。这是人力资本理论产生的物质前提。

（2）人力资本理论的产生是增长经济学和发展经济学出现的结果

现代西方经济学中的增长经济学和发展经济学是在 20 世纪 50 年代后发展起来的。这些学科的基本目标是寻找经济发展的根本原因。在寻找经济发展因素的过程中，经济学家发现了教育对经济增长的作用，这为教育经济学尤其是探索教育和经济发展关系的研究提供了强大的学术动力。

增长经济学是研究发达资本主义国家再生产和长期发展的宏观经济学的分支学科，许多西方经济学家致力于研究经济增长理论。经济增长理论流派众多，其主流尤其是丹尼森等人的增长经济学认为，教育对生产发展、经济增长具有巨大作用。

发展经济学是西方经济学关于发展中国家经济和社会发展的理论。众多发

展中国家面临如何促进经济快速发展的共同课题。在这种情况下，西方经济学开始对发展中国家的经济发展问题进行深入研究。到 20 世纪 70 年代，发展经济学已经成为一个重要的经济学分支学科。在发展经济学的形成过程中，人力资源的开发越来越受到理论研究者的重视。研究者普遍认为，决定一国经济发展的不只是经济资本和物质资源，还有人力资本。而发展中国家普遍存在着人口过多、人口增长过快以及人口素质较低的问题。因此，发展中国家必须增加智力投资，而加强教育和培训是重要途径。发展经济学的理论对西方教育经济学的形成和兴起产生了巨大影响。

（3）计量经济学的发展促进了人力资本理论的诞生

计量经济学是当代西方经济学的一个重要分支学科。它把经济理论用数学形式表示出来，运用数理统计方法，依据实际统计资料进行验证。随着统计学理论和计算机技术的发展，计量经济学的发展越来越快，直接推动了人力资本理论的产生和发展。

经济学家在运用传统的计量经济增长方法计算国民经济增长额时，出现了剩余，也就是无法说明原因的部分。按照传统观点，经济生产的增长是土地、资本和劳动力三要素增长的结果。一些经济学家通过分析发现一段时期内土地的因素变化不大，因此，生产的增长主要是资本和人力因素变化引起的。资本变化带来的经济增长可以简单计算出来，但是人力数量的变化所引起的增长仍难以说明剩余的增长量。因此，经济学家认为国民收入增长的因素中还应该有劳动力质量提高的因素，而劳动力质量提高的主要因素之一就是学校教育的发展，因此教育发展是影响国民收入增长的重要因素之一。上述这些推理都可以通过现有统计资料的统计和计算加以实证检验。舒尔茨和丹尼森的理论都是沿着这个逻辑构建的。

2. 人力资本理论产生的文化传统背景

对于人力资本理论产生的文化传统因素，目前研究者关注较少，其实这是理论研究的一个重要方面，因为没有任何一种较为深刻的社会思想的产生能够脱离其所处社会独有的文化传统。人力资本理论作为有关人类个体能力的形成和使用的基本理论，是文化传统中对个人、个人劳动致富以及个人之间合理差异的理性认识的集中体现。

人力资本理论从哲学上讲，是主张个体能力实现的价值观，是文化传统对个体赋予尊重的最直接体现。人力资本理论对个体价值的尊重体现在三个方面：第一，人力资本理论虽然也强调学校教育的社会效益，但是这种社会效益中的很大部分是个人利益的集合体；第二，个人利益是社会效益产生的基础；第三，社会效益在理论表述和研究方法上以个体为单位。人力资本理论的这些观点都和其所处的文化传统背景中关于个人与社会关系的哲学认识一致。

人力资本理论是对个人追求社会成功的理论认可。在西方社会中，社会成功首先是获得社会财富，人力资本理论对教育、能力、收入之间关系的简明分析正是这种社会观念的学术体现。当然，社会财富的获得必须合法。人力资本理论对合法获得社会财富的表述是：在劳动中依靠个人能力并通过长期的个人劳动获得财富。这与马克斯·韦伯所分析的现代资本主义产生与发展的文化根源基本一致。

人力资本理论是对个人合理社会差异的理论认可。所谓社会差异的合理与不合理主要体现在四个方面：差异的程度、手段、时间和可变性。第一，人力资本理论所描述的这种社会差异是雇佣劳动者的工资差异，受教育者雇佣工资的差异在最穷和最富之间不会太大，也就是说仅仅是一种程度较小的社会差异；第二，这种差异必须是发挥个人能力获得合理收入而产生的，而不是通过接受遗产或其他社会所不认可的手段产生的；第三，这种社会差异的实现是一个长期过程，而不是让大众心理上难以接受的一夜暴富；第四，这种社会差异具有可变性。任何人不管家庭背景和个人智力因素如何，只要通过自己的努力，接受相应的学校教育就有可能出人头地。绝对平等不是真正的社会均等，合理的社会差异才是真正的社会均等，是社会发展的基本动力。

第二节　经济学理论

大体说来，现代经济学的基本理论可分为宏观经济学、微观经济学和国际经济学。宏观经济学主要研究一国或一个地区的总体经济现象和规律，主要包括：涉及供求关系的变化；利用价格杠杆、竞争机制、汇率政策和货币政策等，使物质资源和劳动力进行优化配置；利用市场对经济信号反应比较敏锐的优点，及时协调生产、流通与需求的关系；在必要时，我们还可通过政府的力量对市场经济进行宏观调控。微观经济学主要研究各个经济主体（消费者、企业和生产要素所有者等）在市场经济活动中的活动规律及表现形式，其理论主要有供求理论、成本理论和收益理论，以及决定企业产品生产和价格的因素理论等。国际经济学主要研究国与国之间的贸易、资本运作方式及规律。到目前为止，教育经济学主要以微观经济学和宏观经济学为理论基础。本节简述消费者行为理论、经济增长理论和成本理论的部分要点。

一、消费者行为理论

在经济学中，消费者行为理论主要分为基数效用论和序数效用论。经济学家认为，人对产品的需求，完全是人的心理欲望的反映，没有了欲望就不可能有需求，而没有需求，也就没有组织和生产这种产品的必要。因此，产品的价值说到底与社会的需求有关，与消费者的心理满足程度有关，换句话说，产品的效用决定产品的价值。而消费者的满足程度是消费者的一种主观心理感觉，人的主观心理感觉程度的强弱，就决定了产品的效用，进而决定了产品的价值。比如，人在酒足饭饱之后，面包的吸引力就不大了，此时面包的效用减弱，其价值就会相对降低；而对一个饥肠辘辘的人来说，面包的效用会大大提高，其价值也会相对高些。再如，沙漠中的一瓶水与水资源丰富地区的一瓶水的效用和价值，决不能相提并论。

因此，行为主义心理学家就把人的心理欲望由低级到高级、由简单到复杂划分成几个等级。如美国马斯洛的需求层次理论，把人的这种需求欲望分成五级，在低级欲望获得满足或即将获得满足时，就会产生更高级的欲望。这五级欲望包括生理的需要、安全的需要、感情的需要、尊重的需要和自我实现的需要。

同样的，人们对教育的需求也是如此，教育可以使人在当前和未来获得某种满足（包括精神和物质两方面），因此，人们就会心甘情愿地以某种代价来换取这种满足。人们对教育层次的需求，如同马斯洛划分的需求层次一样，也是由低到高逐一实现。但是，到底哪一个教育层次符合自己的需求愿望，并能最终得到较高的满足度呢？这是因人而异的，很难细分，还会受到社会办学条件、个人经济条件、个人智力条件以及自己现时的需求愿望的影响。

比如，在农村地区，学生及其家长受限于经济条件和需求愿望，他们可能认为接受初等教育就足够了，能够书写自己的姓名、进行简单的数据处理，就可以满足自己的需求。但是，经过一段时间的社会实践之后，他们可能会发觉自己的知识和能力不足，很难在日常生活和工作中有较大的作为，因此，他们就产生继续接受更高层次教育的愿望。这时，他们就会去参加补习班、进修班或继续接受更高层次的正规教育。

一般说来，满足了低层次教育之后，受教育者会自发地产生接受更高层次教育的愿望，但因受到种种限制或个人的现时打算（如先工作再学习等）的影响，有些人没能及时实现其愿望，但今后或许会寻找机会通过补习、继续教育、自学等方式来获得这种满足。从这种意义上讲，人的受教育的需求是永无止境的，人的学习也是永无休止的，所谓"活到老，学到老"，也是这种由低到高逐步实现教育需求的一种客观要求。所以说，"终身教育"不是外界的逼迫所致，而是出于自身的内在需求。当然，外界的诱因（如别人的成功、收入的差异等）也是不容忽视的客观原因。

二、经济增长理论要点述评

200 多年来，经济学家在研究各国的经济现象和经济规律的过程中，提出了一系列经济增长理论，其中影响较大的理论有以下六种：古典经济学理论、新古典经济学理论、剑桥学派、新剑桥学派、新经济增长理论、新制度经济学理论。限于本书篇幅和笔者的经济学知识水平，下面仅简述这六大理论的要点。

（一）古典经济学理论

古典经济学理论的主要代表人物众多，如亚当·斯密、威廉·配第、哈罗德、多马等。亚当·斯密一直认为，劳动分工、生产要素的自由组合和劳动力等因素是经济发展和经济增长的原动力。亚当·斯密是一位忠实的自由主义者，他特别强调自由市场的作用，认为市场是一只"看不见的手"，可以使生产要素自动达到最佳配置，并取得最佳效果，任何外在的制约力量，都将产生一定的不良影响。他还认为劳动分工是经济发展的最基本动力，而人类欲望的无限性说明劳动分工是一个无限的过程，从而决定了经济发展也将是一个永无止境的过程。

古典经济学家威廉·配第曾说过："土地是财富之母，劳动是财富之父。"他认为，劳动生产率的提高、从事生产性劳动的人数是国家财富增长的主要因素。

英国经济学家哈罗德和美国经济学家多马建立的经济增长模型，是以凯恩斯主义为理论基础的经济增长模型，由于其要点相似，因而被其他经济学家称为"哈罗德－多马模型"。这一模型的主要目的，是将凯恩斯的短期比较静态分析长期化和动态化，并且将这些分析法推广到经济增长问题的研究中。其基本思想是，经济增长率取决于储蓄率和资本产出比率。为了实现经济的持续增长，经济的实际增长率必须等于有保证的增长率，而且经济的实际增长率也必须等于经济的自然增长率。现实的资本主义市场经济很难实现稳定增长，因为资本主义市场经济实现充分就业的均衡增长的可能性很小，而且资本主义市场经济一旦偏离充分就业的均衡增长，不仅不能自行纠正，还会造成更大幅度的偏离。

总之，古典经济学理论着重强调土地、资本和劳动三者在经济发展和经济增长中的决定作用，其中的"劳动"，主要指劳动者人数及其就业状况，资本和劳动之间不能相互替代。

（二）新古典经济学理论

新古典经济学理论或新古典经济增长理论的出现，比古典经济增长理论晚了200年，其主要代表人物是索罗、斯旺等人。20世纪50年代中期，索罗、斯旺等人提出了新古典经济增长模型，他们认为，"哈罗德－多马模型"之所以得出资本主义市场经济不能实现持续稳定增长的结论，是因为这一模型假定了资本和劳动之间不能相互替代，使资本的产出比率成为一个定量。因此，只要假定资本与劳动之间可以相互替代，就能得出资本主义市场经济可以实现持续稳定增长的结论。另外，新古典经济学理论同样强调土地、资本与劳动三要素在促进经济增长中起决定作用，而且特别强调物质资本投资的重要性。

（三）剑桥学派

剑桥学派是19世纪末—20世纪初，由英国经济学家马歇尔等人创建的经济学流派。因马歇尔及其忠实门徒庇古、罗伯逊等人长期在英国剑桥大学任教，因此，这一经济学流派被其他经济学家称为"剑桥学派"。

1890年，马歇尔出版了《经济学原理》一书，该书继承和发展了庸俗经济学，并用折中主义的方法，把产品供求论、生产费用论、边际效用论和边际生产力论融合在一起，建立了一个以完全竞争为前提、以"均衡价格论"为核心的完整的庸俗经济学体系。该书的出版被视为政治经济学发展史上的一个"里程碑"，并与亚当·斯密的《国富论》和李嘉图的《政治经济学及赋税原理》相提并论。

剑桥学派的核心内容是"均衡价格论"，运用边际效用递减规律所决定的需求曲线与边际生产费用递增规律所决定的供给曲线，来说明商品的均衡价格的决定因素。这一学派在方法论上有四个特点。第一，用"只有渐进没有突变"的连续性原理来分析和研究经济现象和经济规律，即在任何经济现象之间，甚至在经济概念之间都存在连续性。第二，用力学中的均衡概念和数学中的增量概念来分析和说明商品生产要素之间的供求均衡及价格的决定因素。第三，在分析这些经济现象时，假定其他条件不变，即使用局部均衡分析法，在静态均衡分析的框架内引进时间因素来说明供求状况的变化所引起的均衡状态的变化。第四，以人们的主观心理动机来解释人类的经济行为。他们认为，人类的经济行为都是由追求"满足"和避免"牺牲"这两大动机所支配的，而这两种动机也决定着商品和各种生产要素的需求与供给状况。

（四）新剑桥学派

在 20 世纪 60 年代，西方发达资本主义国家大多经历了一段经济迅速增长的时期。与此相适应，资产阶级经济学家纷纷以凯恩斯的《就业、利息和货币通论》一书的理论为基础，加以补充和发展，力图把该书的短期比较静态分析"长期化""动态化"，从而提出了形形色色的经济增长理论和经济波动理论。新剑桥学派就是其中之一。

新剑桥学派也被称为现代凯恩斯主义支派，它坚持和发展了凯恩斯的理论和观点，批判了新古典经济学理论，力图建立与之相对立的新理论体系，因此，它也被称为英国后凯恩斯经济学。其主要代表人物是罗宾逊、卡多尔等人。由于他们都在英国剑桥大学任教，而他们所提出的这一理论又与剑桥学派的传统理论不同，因此其他经济学家把它称为"新剑桥学派"。

新剑桥学派在理论上坚持最彻底的凯恩斯主义，并且进一步摆脱了以马歇尔为代表的传统理论的束缚。它的主要观点是：承认资本主义市场是垄断竞争而不是自由竞争；强调未来的不确定性对经济的影响；承认价格机制不能使市场均衡，从而使资本主义经济经常处于不平衡状态；承认资本主义经济增长能够促进利润增长，而随着利润的增长，收入在劳动和资本之间的分配更加不公平。另外，它还强调投资和储蓄达到均衡，可以促进经济增长，而投资与储蓄达到均衡的关键是如何调整储蓄率，使之适合经济均衡增长的要求。改变收入分配格局，是促进经济稳定增长的要点之一，而研究经济增长问题，应该从研究收入分配着手，这是该理论的一大特点。

（五）新经济增长理论

在新古典经济增长理论之后，经济增长理论的研究经历了大约 20 年的停滞期。20 世纪 80 年代中期兴起的新经济增长理论，打破了新古典经济学理论长期占据主导地位的格局。这一理论的代表人物众多，如罗默、卢卡斯、巴罗、雷贝洛等，他们都提出了相似的经济增长模型。新经济增长理论也常被称为内生增长理论。其假设以市场处于完全竞争为条件。它强调技术进步及其在生产领域中的有效应用，是促进经济增长的决定性因素，而具有较高教育水平的劳动力又是推动技术进步及其有效应用的关键因素。因此，这一理论特别强调开发和提高社会人力资本和个人人力资本的重要性，提高这两种人力资本的存量和层次，主要依靠正规学校教育的发展。

（六）新制度经济学理论

新制度经济学理论兴起于 20 世纪 70 年代末—20 世纪 80 年代初，其主要代表人物有诺斯、罗纳德、威廉姆森、阿尔钦和张五常等。制度主义产生于 19 世纪末—20 世纪 30 年代，创始人为凡勃伦，代表人物有康芒斯等，他们所提出的制度主义被称为旧制度主义。

新制度经济学理论的核心内容是制度变迁理论和产权理论，这一理论的代表人物诺斯认为，制度是影响经济增长的主要因素和内在动因，而制度变迁是社会经济发展的源泉。尽管新制度经济学继承了正统经济学的部分观点和假设，如经济人行为理论、理性人或有限理性人假设、成本—收益分析方法等，但新制度经济学对这些观点和方法均有所改进，如他们认为经济人行为理论并不能完全解释所有经济行为，"经济人行为特征并不足以解释历史上曾经发生过的许多重大事件，以及社会上存在的利他行为"。

与传统经济学理论、新旧古典经济学理论相比，新制度经济学理论存在如下特性。一是把历史作为重要的分析向量，他们认为只有在历史长河中考察制度的作用及其变迁对社会经济发展的影响才有现实意义。二是把制度看成影响和促进经济增长的内在的、可变的因素，同时强调制度的效用，分析了有效制度和无效制度的特征和条件，而传统经济学理论都是把制度视为外在因素或外部条件，认为制度是既定的和不可变的。三是放弃了正统经济学理论关于"信息费用不确定性、交易费用都不存在"的非现实的假定，使制度经济学的理论分析更接近客观存在的状况。四是新制度经济学理论虽然把经济人或理性人当作理论分析的基点，但是，它同时赋予了经济人或理性人更丰富的内涵。如诺斯在阐述个人行为理论时就把利他主义、国家意志意识形态和个人自愿接受的约束等非财富最大化行为，纳入个人预期效用函数之中。因此，新制度经济学理论在运用成本—收益分析方法时，并不单纯考虑经济利益或利润，还考虑人性特点，如考虑个人的尊严、安全和风险等因素。五是提出了新的假定，即制度变迁的诱因是行为主体或利益主体总是期望获得最大的潜在利润或外部利润。他们认为，这种潜在利润或外部利润在现有的制度框架内无法内部化，因而不可能被行为主体获取或分配，只有通过新的制度安排或制度变迁，即进行相应制度的边际调整，才能实现人们对外部利润内部化的预期。

三、成本理论

在经济学领域，成本是决定产品价格的最基本和最主要的因素。值得一提的是，产品价格与产品价值不能混为一谈，前者是由生产成本和卖方的利润要求（这种利润要求有时甚至可以为负数，如为了回笼资金，卖方可能采取亏本甩卖的举动）所决定的，而后者是由消费者的满足度决定的。成本指"厂商为了得到一定数量的商品或劳务所付出的代价，是厂商生产一定数量的商品或提供一定数量的劳务所耗费的生产要素的价值"。因此，成本具有相对的同一性，即在一定条件下，各个产品的成本被看成是相同的，产品价格的决定因素只是卖方的利润要求，所以，对同一卖方来说，每个产品的价格是相对不变的，这就是所谓的静态成本和静态价格。

但是教育不同。个人受教育也要付出一定的代价，因而，教育必然有成本，但这种成本是因人而异的。换言之，如果把各个教育对象也比拟为"产品"，那么，这种"产品"的成本并不是具有同一性的，其价格更不可能相同。因此，教育"产品"的成本和价格具有动态性质。这是物质产品与教育"产品"的主要区别之一。物质产品的价值随着使用时间的延长而逐渐消失，因此物质产品可被当作一次性消费品，而教育"产品"却与此相反，使用时间越长，其价值可能越大，不是一次性的消费品。这些方面留待下文分析，在此不赘述。

成本的概念很多，下面笔者简述与教育经济学相关的机会成本、外显成本和隐含成本等概念。此外，还有其他成本概念，如固定成本、销售成本、生产成本等，这些成本概念，我们将在必要时略加说明。

（一）机会成本

复旦大学经济学院尹伯成教授曾在其主编的《西方经济学简明教程》（第1版）中指出，"如果一种生产要素被用于某一特定用途，它便放弃了在其他替代用途上可能获取的利益，这笔利益就是这一特定用途的机会成本"。可能考虑到机会成本的概念比较含糊，尹伯成教授在该书第2版中对机会成本做了更为精确的定义，并用两个例子加以说明，即"把一定经济资源用于生产某种产品时所放弃的另一些产品生产的最大收益就是这种产品的机会成本"。

机会成本的存在有两个前提：一是生产要素是稀缺的；二是生产要素具有多用途的性质。在教育经济学中，个人教育机会成本就是个人因接受教育而放弃的工作收益，它有独特的衡量标准。

从机会成本的定义看，衡量机会成本显得极为困难，这种困难主要在于资源本身的多用途性质和衡量标准这两个方面。比如，我们手里有1万元钱，这笔钱有无限多的用途，既可以存入银行，也可以投入各种生产领域。若存入银行，这笔钱固然可以获取部分利息收益，但是若投入生产领域，就会有无穷多的选择途径，既可以用于生产某一种服装，也可以用于生产某一种鞋，用于不同的生产领域，可能获取的利益也不相同。我们研究的主要问题是机会成本应该以哪一种收益为标准。

事实上，从经济学理论看，人们手中所掌握的生产要素（如上述的1万元钱），在未来特定时期内（如一年），不可能有无穷种投资选择途径，就是说个人的投资意愿是有限的，如打算存入银行或生产某种特定的产品等。因此，在这些有限的投资意愿中，有若干种不同的投资预期收益。那么，从理论上讲，我们可以选择在这些投资预期收益中的最大预期收益，作为所选择的投资机会成本的衡量值。譬如，把1万元钱存入银行，每年的预期利息收益为400元，而把同一笔钱用于生产A产品时的预期收益为900元，用于生产B产品时的预期收益为700元，则这笔钱若存入银行或生产B种产品，其机会成本都是900元，如果这笔钱用于生产A产品，其机会成本就是700元，而不是400元。

但是，在笔者的教学工作中，总有学生问：既然这笔钱可不用于投资（如放在家里备用），也可用于投资。那如果放在家里，这笔钱有机会成本吗？笔者说，显然是有的，这一机会成本就是上述各种投资预期收益中的最大值（如上述的900元）。关于教育机会成本的衡量问题，舒尔茨提出了一个非常实用的衡量标准，对此，笔者将在第三章加以说明，在此不赘述。

（二）外显成本

外显成本指生产厂家因购买生产要素而支付货币所构成的成本，也称会计成本，包括工资、材料费、银行利息、租金、保险费等。对教育经济学而言，外显成本主要指国家花费的教育成本和个人的学习成本（如住宿费、交通费、购买学习用品、文化消费等），但是生活成本不应被全部列入教育成本，因不受教育的人也同样有生活费用，只不过在学校的个人生活成本与在家里的平均生活成本有所差异而已，这就存在折扣问题。

（三）隐含成本

隐含成本指厂商使用自有生产要素并按市场价格测算的成本（或按市场价折算的费用）。隐含成本与外显成本的区别在于所要购买的生产要素在买卖活动发生前的所有权不同，前者属于自己，而后者属于他人。其实，教育经济学中也有隐含成本，如使用学校自己生产的产品，包括教具、办公用具等。目前，在教育经济学研究中，我们一般不区分隐含成本和外显成本，因为这些成本的划分、归类和计算都相当复杂，迄今尚未有研究者进行这一方面的专门研究。

第三节　教育学理论

教育经济学所涉及的教育学理论基础主要包括教育与劳动力再生产，教育与社会再生产，教育与劳动生产率等。下面笔者就这些问题进行简单的剖析。

一、教育与劳动力再生产

任何有生命的活体组织，都有这种或那种能力，如自我发展与完善能力、分析能力、思考能力、接受能力、创造能力等。但有些能力属于本能，而有些能力却是后天发展起来的，如婴儿吮奶，这是本能，是人与生俱来的内在能力。人与动物的区别，不在于本能的区别，而在于后天发展起来的思维能力、创造能力等，归结为一点，就是智力上的区别。

所谓的劳动能力或劳动力，就是人的体力和智力的总和。正如马克思说的，"我们把劳动力或劳动能力，理解为人的身体即活的人体中存在的、每当生产某种使用价值时就会运用的体力和智力的总和"。马克思的这句话涉及以下两点内容。

一是体力。它是人和动物都具备的、存在于活体组织内的一种基本能力，体力的好坏，是健康与否、身体强弱的反映。体力与先天因素、后天因素均有关系，先天因素主要指遗传方面，如有些人生来体格健壮，而有些人生来体质较差。后天的影响，主要与营养、锻炼等有关。人和动物就体力的内涵而言，并没有本质的区别，有区别的是两者之间后天锻炼、补充营养的意识性不同。人为了使体力充沛、身体健康，可以有意识地参加锻炼、增加营养等，而动物却是无意识的、本能的。人类一切社会活动都离不开体力的保证和支持，没有一定的体力做保证，社会活动必将受到影响。体力必定是活的组织所具备的，一旦这种组织死亡，那么体力和智力都将化为乌有。

二是智力。智力的高低是人与动物相互区别的根本标志之一。智力是一个抽象的概念，大体上可以看作思维能力，包括学习能力、分析能力、解决问题的能力等。到目前为止，研究者仍然不能肯定地说，动物没有智力，也不能断言智力是人特有的，其他动物的能力都出于本能。从人的角度讲，人的智力是最高级的，其他动物的智力都无法比拟。而从动物的角度讲，某些动物的能力，是人类无法比拟的，这早已为现代科学所证明。有些动物也有思维能力，它能够学习，也能做简单的推理等。

教育与劳动力再生产有何关系呢？劳动力再生产涉及两个方面：一是肉体的再生产；二是精神的再生产。

肉体的再生产指人和动物的繁衍过程，是一种自然属性。恩格斯指出："生产本身有两种。一种是生活资料，即食物、衣服、住房以及为此所必需的工具的生产；另一种是人类自身的生产，即种族繁衍。"这里的"种族繁衍"是劳动力生产的基础和根本前提，保证了人类社会的存在和延续。

精神的再生产是人与动物的根本区别，是人类特有的社会属性。精神的再生产是人类社会不断进步的根本保证，这里包括人类对"精神产品"的借鉴、保持、创造与提高等。精神再生产的过程，是人类学习积累、去伪存真、不断进步的过程，是由低级到高级逐渐发展的过程，与社会的生产力水平有直接关系。反过来，它又是社会生产力水平的直接推动者。"精神"属于意识形态范畴，因此，精神再生产也可看成是人类特有的意识、智力的生产和再生产，其生产的"产品"含有人类的智慧成分，而且必然是具有使用价值的"产品"，包括有形和无形的"产品"。

教育作为一种复杂的社会现象，存在于人类社会活动的方方面面，对社会活动起着一定的推动和指导作用。教育活动可分为两种形式：一种是有组织、有计划的社会实践活动；另一种是无组织、无计划的社会实践活动。前者主要指正规教育，包括社会组织的所有教育；后者指非正规教育，包括家庭教育、自学、模仿等。但是，不管什么类型的教育，都是人类有目的的社会实践活动。教育的基本功能就是促进人的智力、品德、体力等方面的发展，使人更好地适应和改造社会和自然环境。换句话说，教育可以使人更全面地发展，最终使自己和社会得到益处。

教育对劳动力的两个基本组成要素——体力和智力——都有极大的促进作用。对体力来说，通过有目的的教育活动，如训练或对人的机体组织的构造特点和性能的学习，人们可以更有针对性地调配营养、锻炼身体，提高人的机体组织活力，从而增强体质，延长寿命。教育对人的智力水平的提高，也有决定性的作用。人的智力除少部分与遗传因素有关外，很大一部分都来自后天的教育。亚当·斯密曾说：人的能力有 70% 来自后天的教育和锻炼。所以，马克思认为"教育会生产劳动能力"，具体有以下几方面。

（一）教育能够培养熟练的物质生产劳动者

马克思指出："要改变一般人的本性，使他获得一定的劳动技能和技巧，成为专业的劳动力，就必须让他们接受一定的教育和训练，而这就得花费或多或少的商品等价物。"

人的劳动能力不是与生俱来的。对初生儿来说，除了与动物相似的某些本能外，大脑的信息存量几乎为零，就好比一张空白的纸，上面没有任何实际字符。如果这个婴儿一直与世隔绝，即使长大成人，那么他的能力也仅是先天的某些本能而已，其能力可能还不如一般的野外动物。但是，通过社会实践活动，尤其是教育活动，人们就可以使大脑的信息存量迅速增加，使大脑变得越来越发达，其思维能力也将越来越强。

教育的特点之一就是可以把人类已有的知识和劳动技能在短时间内迅速、大量地传授给受教育者，而受教育者可以通过自己的智力活动和实践活动，掌握这些知识和技能。有了这些知识和技能，受教育者就可以在社会实践中不断完善自身，使自己成为越来越熟练的劳动者。同时，他可以通过带徒弟、著书立说以及其他的社会活动，把自己拥有的知识和技能传授给他人，这样一代一代地传下去，就保证了社会再生产的世代延续。

（二）教育能够培养高智力的文化技术研究者

教育不但可以丰富人的知识，提高人的技能，还能提高人的智力水平，使一些人能够专门从事较高水平或较深奥的科学研究工作。现代科学技术，实际上就是依靠高智力研究者通过长期的研究实践而获得的，尤其是科学实验活动对科学技术的进步起着决定作用。研究成果或技术运用到社会生产实践中，就有可能大大提高劳动生产率，促进生产力的发展。

（三）教育能够培养高水平的部门管理者

教育能够使人的科学管理知识更加丰富，受教育者从教育中可以迅速和大量地获得他人成功的管理经验和失败的管理教训，改进自己的管理方式，提高自己的管理能力和科学管理水平，从而提高经济效益，促进本部门生产活动的发展。

（四）教育能够培养有知识的文化工作者和其他社会工作者

比如培养新闻工作者、文艺工作者、艺术工作者等，许多人通过接受教育，提高了自己的文化水平，也提高了自身的修养水平，这对整个社会来说有很大益处。

综上所述，我们可以说，教育是劳动力再生产的最重要手段和最主要途径，虽然不是唯一的手段和途径，但它的确起着极为重要的作用。

二、教育与社会再生产

社会再生产，其实是人类对社会生产过程的重复，但这种重复从长时间来看，往往不是简单的重复，而是不断改进和发展的过程，用"螺旋式重复和发展"来表述，可能更为贴切。社会生产过程包括四个环节，即生产、分配、交换及消费。其中，生产是基础也是起点，而消费是目的、终点。分配和交换是手段，是中间环节，没有这些环节，社会生产活动就会停止。消费之后，我们还要继续生产、分配、交换、消费，这样周而复始地进行下去。这种不断循环往复的过程，就是社会再生产。

社会生产的基本要素是生产资料和劳动者，这两者相互结合，可以生产出新的生产性资料和生活资料，这些新的生产性资料和其他来源的生产资料一起，再投入到生产过程中去，就形成了社会的再生产和扩大再生产。而生活资料则用于供养劳动者，这是劳动者生存和繁衍的物质基础，从这一意义上讲，它是劳动力再生产的物质基础。

教育对社会生产和社会再生产的作用，是通过劳动者来体现的。之前我们已说明，教育是劳动再生产的最重要手段和途径，没有了教育（包括广义上讲的教育），就不会有合格的劳动者，而劳动者作为社会生产的基本要素之一，在一定的生产条件下，如果不合格，就无法利用生产资料进行有意义的生产，也无法利用和改进劳动工具，也就无法通过劳动工具作用于劳动对象。从这个意义上说，教育是社会生产和再生产的必要条件和前提。反过来，在社会生产过程中，除了生产一些生活资料以保证劳动者的生存外，我们还必须把生产总产品中的一部分用于教育，以保证劳动力满足社会生产的要求。从这一意义上讲，社会生产和再生产又是劳动力再生产的保证，是劳动力再生产的基础。因此，教育在劳动力再生产和社会再生产过程中，具有非常重要的地位。

以上我们简单地阐述了教育与社会再生产的关系问题，但事实上，这两者之间的关系远非如此简单，在现实社会中，它们的关系极为复杂。就拿社会再生产来说，如果后一个社会生产过程——包括生产规模、质量和劳动力数量、水平——只是简单地重复前一个社会生产过程，也就是说，后一个社会生产过程仅是把消耗掉的生产资料又同样规模地生产出来，同时维持原有的劳动力数量和水平，那么，这种社会再生产只是简单的社会再生产。但是，正如我们在教育经济学的经济学理论基础中所说的，人类的欲望是无限的，其消费欲望会越来越强，不仅消费的层次会越来越高，消费规模也会越来越大。因此，简单的社会再生产不能满足人类日益增长的需求，这就要追加生产资料和劳动力。

马克思把这种现象称为社会扩大再生产。社会扩大再生产是人类社会进步的重要保证。社会扩大再生产有两种形式：一种是外延式扩大再生产，另一种是内涵式扩大再生产。前者主要指追加生产资料和劳动力数量，以期增加生产产品的数量；后者则主要指质量的提升，包括改进生产工具、提高生产技术和提高劳动者素质，以期提升生产产品的质量。也可以说，外延式扩大再生产的特点是把部分生产资料追加投入生产过程，同时追加劳动力。这两者是社会扩大再生产的前提。而内涵式扩大再生产则着重强调提高劳动力、生产资料、生产过程和生产结果的质量。从物质角度讲，社会要实现扩大再生产，必须满足两个基本条件：一是社会总产品中包含有多余的生产资料或可资追加的生产资料；二是社会总产品中包含有多余的消费资料或增加劳动力所需的生活资料。因此，从社会生产要素的角度看，单纯地增加生产资料的投入数量和提高生产资料的质量是不够的，还要增加劳动力数量并提高其素质。这就涉及劳动力再生产及其教育的问题。根据教育与劳动力再生产的关系，我们可以认为，教育也是社会扩大再生产的重要前提。

此外，还有一点须说明的是，生产资料的来源和内涵问题。首先，生产资料分为自然资料和经过劳动者加工之后、含有人类智慧的生产"材料"。有些学者简单地把生产资料归结为具有使用价值的材料，这也是可以的，但过于抽象和笼统。自然资料是自然界恩赐的天然材料，这种材料可直接投入生产过程中，它的特点是无须经过加工，是没有人类智慧内涵的材料，如空气中的氧气、某些水资源等。但是，社会生产过程中所使用的生产资料，绝大多数都是经过劳动力加工之后的生产性"产品"，它含有人类的智慧，这是它的独有特征，如铁矿石、煤、天然气等，尽管在人类开采、加工和利用之前，这些材料均为天然材料，但是这些天然材料不能直接、自动地为人类所用，而是必须经过开采、运输、加工等过程，使之成为生产材料或原材料。因此，这些具有人类的劳动痕迹或人类智慧的材料，其费用必然比自然材料高，但其使用价值也相对高些。

生产资料的内涵指生产资料的内涵价值，这种价值主要体现在其使用价值方面。因为大多数生产资料含有人类的智慧和劳动，所以其价值可用其人类智慧含量和所花劳动量来衡量。就是说，人类智慧含量越高和所花劳动量越多，其价值就越大，当然，前者起决定作用。譬如，石器时代的石斧和现代的电锯，其价值显然不能相提并论。生产资料的智慧含量，是劳动者在生产加工过程中逐渐附加上去的。因此，从这个角度讲，在一定生产力水平下，劳动者的知识和技术水平决定了生产资料中的人类智慧含量，从而决定了生产资料的使用价值。比如，生产力水平较低时，手工加工的生产资料（包括生活资料、生产工具、生产性资料等）往往极为粗糙，其所耗费劳动量可能很大，但其人类智慧含量不高，其价值也只能与当时的生产力水平相适应。所以，人类社会的进步，主要体现在人类生产技术和知识含量的进步上，而这种进步是由劳动者推动的。换句话说，高水平的劳动力才能生产出高智慧含量的生产资料，而高水平的劳动力只能通过教育培养来获得。

所以，我们可以肯定地说，教育不但是社会再生产和扩大再生产的重要前提，也是社会进步的决定因素和前提条件。

三、教育与劳动生产率

教育对社会进步的贡献，主要体现在教育促进劳动生产率的提高方面。劳动生产率的提高需要诸多因素，马克思把这些因素归结为五个方面，即"工人的平均熟练程度、科学的发展水平及其在工艺上的应用程度、生产过程的社会结合、生产资料的规模和效能、自然条件"。

在这五个方面中，除了自然条件外，其余四个方面都直接或间接与教育有关。例如，教育可直接提高"工人的平均熟练程度"；教育可以培养大量的高水平劳动力，这些劳动力可以间接促进科学的发展，促进科学技术在工艺上的应用。生产过程的社会结合程度及生产资料的规模、效能等，都需要劳动者的积极参与，与劳动者的受教育程度密切相关。

古典经济学理论认为提高经济发展水平和扩大经济规模，主要依赖生产资料的投入（物的投入）和资本的投入（金钱的投入），以及劳动力数量的增加。但是，20世纪70年代后，以美国经济学家、诺贝尔奖得主舒尔茨、库兹涅茨等人为代表，提出了新经济增长理论——现代经济可持续增长理论，这一理论主要强调劳动力水平对经济增长的促进作用，而金钱、物质、劳动力数量的作用还在其次。这一理论的核心就是技术及其应用是促进经济增长的关键因素。而技术的发明和应用，需要教育培养高层次人才来实现。

教育可以提高劳动生产率，这已为19世纪后半叶各国经济发展的事实所证明。如意大利的人均国民产值增长率从1870—1913年的7.7%，增长到1913—1960年的17.4%；20世纪初，该国的文盲率约为50%，到20世纪60年代，其文盲率仅为10%。另外，联合国教科文组织的一份研究报告指出，劳动力文化层次越高，劳动生产率提高的幅度就越大，具体为小学30%，中学108%，大学300%。

因此，提高劳动生产率与劳动者受教育的层次有很大关系，当然，各国及各行业可能有很大差别。如我国，"劳动者受教育程度提高一个等级，平均劳动生产率就提高 1.4%"，"在机械行业里，劳动者教育程度每提高一个等级，平均劳动生产率就提高 0.8%"。

有学者研究认为，加大人力资本投资可以提高经济效益，如美国企业联合会的调查统计表明，对职工培训每投入 1 美元，就能获取 50 美元的经济效益。一位经济学家认为，"一个普通工人接受一年的初等教育，可使劳动生产率提高 30%，一个熟练工人学习科学文化知识后，可使他的劳动生产率在原来的基础上提高 1.6 倍"。

综上所述，教育对劳动生产率的影响，主要表现在以下几个方面。①教育提高了劳动者的技术熟练程度，从而提高了劳动过程中产品和生产的技术含量，包括对产品的改进和重新发明、提高产品生产的技术等。②教育提高了劳动者的文化知识水平，提高了他们在劳动过程中对新知识和新技术的学习、理解和接受能力，并使他们自觉地把新掌握的知识和技术运用于生产劳动。③教育不仅提高了人对自然界的认识水平和改造能力，还提升了人抵抗和消除自然灾害的能力。④教育提高了劳动者的自身修养水平，包括道德素养、自我约束能力、自觉遵守国家和企业的规章制度等，使他们自觉地把更多的精力花在工作、学习上。⑤教育提高了劳动者的管理水平，使部门的管理工作更科学、合理、有序，从而降低生产性消耗，节省工人的劳动时间。另外，教育还可提高劳动者的身体素质，有利于提高社会劳动生产率。

第四章 教育与经济的关系

第一节 经济对教育的制约作用

一、经济是教育发展的物质基础

教育是培养人的活动，是社会发展的重要组成部分，必须以经济为基础。经济是人类社会存在和发展的基础，是引起和制约一切人类社会生活发展变化的决定因素，同样也是影响教育发展和变革的关键因素。经济水平决定了教育发展所需要的物质条件，同时也决定了教育发展的速度和规模。

物质资料的生产不仅是人类存在和发展的基础，也是人类一切社会活动存在和发展的基础。按照马斯洛的需要层次理论，人类有七种需要：生理需要、安全需要、归属与爱的需要、尊重的需要、求知与理解的需要、美的需要和自我实现的需要。这些需要从低级到高级排序，前四种需要是缺失需要，是生存所必需的，只有前四种需要被满足之后，人类才会产生对高级需要的追求。教育本身就是一种高级的需要，必须建立在人类的生存需要被满足的基础上。而经济是一种包括物质生产、分配、交换和消费的过程，为人类的生存和发展提供了物质基础，满足了人类的生理需要。所以，教育、文化、艺术、体育、政治等都是在物质资料生产发展到一定阶段才出现的。无论何种级别、类型的教育，都需要一定的人力、财力和物力作为支撑。自班级授课制出现以后，学校教育成为教育最为重要的形式。学校教育需要教室、教师、教学设备等才能满足受教育者的需求。因此，经济发展水平决定着教育的发展水平。在生产力极不发达的古代社会，简单的经济组织形式决定了学校教育只能采取个别施教、单向接受的方式传授知识。随着社会生产力的提高、经济的发展、物质财富的不断丰富，教育发展到今天，基础教育已基本普及，高等教育也开始大众化。所以，经济可以为教育发展提供人、财、物等必要条件，是教育发展的物质基础。

二、经济发展决定教育发展的速度和规模

经济发展决定教育发展的速度和规模，这主要是因为一个国家的经济实力决定着教育培养的劳动力的数量和质量。教育发展的速度主要表现在受教育者数量的增长速度上，而教育发展的规模则主要表现在受教育者的数量以及学校、师资等人力、物力的规模等方面。众所周知，教育是一项高成本的活动，其经费和投资主要来自国家的财政拨款。所以，教育培养劳动力的数量、培养的复杂劳动力和简单劳动力的比例都不是主观意志能决定的，要受制于经济实力和经济发展水平。经济发展决定教育发展的速度和规模，主要基于以下原因。

首先，经济发展水平决定了受教育者的数量。当经济水平落后时，人们温饱尚不能解决，社会不可能有更多的财力、人力去办教育，教育的规模就相对较小，发展速度就会缓慢。

其次，经济发展水平和教育程度、教育年限有关系。如果一个国家的经济发展落后、经济实力薄弱，就没有充足的经费用于普及义务教育、投资高等教育和职业教育，因此，教育的规模和发展速度就会受到限制。

最后，经济发展水平与学科、专业设置也有关系。众所周知，军事、航天等专业需要花费大量的资金，而一个国家的军事、航天实力决定了一个国家的安全与未来，其重要性不言而喻。在新中国成立初期，因为我国的经济实力薄弱，尚无力发展航天事业。而现在，随着我国经济的快速发展，国家能够投入越来越多的经费用于发展航天事业、储备航天人才。

中国航天事业自1956年创建以来，经历了艰苦创业、配套发展、改革振兴和走向世界等几个重要时期，迄今已经具备了相当的规模和水平，形成了完整的研究、设计、生产和试验体系；建立了能发射各类卫星和载人飞船的航天器发射中心和由国内各地面站、远程跟踪测量船组成的测控网；建立了多种卫星应用系统，取得了显著的社会效益和经济效益；建立了具有一定水平的空间科学研究系统，取得了多项创新成果；培育了一支素质好、技术水平高的航天科技队伍。

三、经济发展影响教育的内容和方法

教育最重要的功能是传播人类改造自然和社会的经验，即教育内容，传播的途径和方式就是教育方法。在生产力不发达的古代社会，学校开设的课程种类较少，课程结构和内容相对简单，主要是哲学、宗教、道德、语言等人文学科，例如，我国古代的四书五经等都是关于人伦的知识，是中国儒家思想的精华。工业革命以前，教学内容很少包括自然科学和技术方面的内容。随着社会的发展，科学技术在促进生产力发展和经济提升方面的重要性愈加凸显，学校中的教学内容越来越丰富，逐渐形成完整的科学体系，课程结构不断完善。

此外，经济发展水平也制约着教学方法的变革与更新。在古代社会，经济的落后决定了教学只能采取个别施教的方式；进入工业革命之后，科学技术的发展使学校教育的组织形式发生了变革，出现了班级授课制；后来，幻灯片、投影仪、计算机等现代化视听设备、教学仪器、实验设备不断被引入教学领域，现代化教学方法的应用，不但提高了教学效率，还使人们的学习方式发生了变化。然而，教学设备的引进需要花费高昂的经费，如果没有强大的经济实力做后盾，先进教学方法的引进将成为天方夜谭。

斯宾塞是19世纪英国著名的哲学家、社会学家和教育家，是反对当时英国学校古典主义教育、提倡科学教育的主要代表人物之一。斯宾塞认为教育的目的是为"完美的生活做准备"，教育应从古典主义的传统束缚中解放出来，因为科学知识对人类生活最有价值。

斯宾塞之所以认为科学知识对人类生活最有价值，是受他生活的时代背景的影响。当时英国已经完成工业革命，传统的古典主义课程已经不能满足生活的需要，与此同时，自然科学迅速发展，因此，他提倡将自然科学的内容纳入学校教育。

四、经济结构制约教育结构

教育结构与经济结构的关系问题，是教育与经济关系的具体表现。教育结构是构成教育总体系的各个部分的比例及结合方式，主要是指教育的程度或级别的结构、类别。教育结构不是随意确定的，如生产力和科学技术的发展状况、政治制度、文化传统和人口结构等因素，都影响着教育结构的形成和变化，其中，经济结构是最重要的因素之一。经济结构是指国民经济总系统中的各子系统的排列、组合和结合方式，是指国民经济的各种成分、各个部门以及社会再生产各个方面的构成、比例关系，主要包括产业结构、技术结构、所有制结构、

分配结构、消费结构等。经济发展引起产业结构、行业结构、技术结构、分配和消费结构的变革，与此相适应，教育结构也随之发生变化，如大、中、小学的比例关系，普通中学和职业中学、全日制学校和业余学校的比例关系，高等学校中的不同层次、不同科类之间的比例关系等，都要与一定的社会经济结构相适应，否则就会导致教育内部各种比例的失调。总之，有什么样的经济结构，就有什么样的教育结构。随着经济的不断发展、经济结构的不断变化，教育结构也要相应地做出变化和调整，才能实现良性循环。

五、经济体制决定教育体制

经济体制是国家组织管理经济的方式、方法和制度的总称。教育体制则是国家管理教育的方式、方法和制度的总称。教育基本的经济功能是为经济发展提供劳动力和专门人才。这就需要我们根据经济的要求制定教育目标、确定教育内容、改善管理方式。因此，经济体制决定教育体制的基本模式，有什么样的经济体制就有什么样的教育体制。改革开放之前，我国长期实行的是计划经济体制，建立在这种经济体制上的教育体制以高度集中、统一为特征，其自身存在一些弊病，如在决策上政府对教育管得过多，政府和主管部门大包大揽，单纯依靠行政命令手段组织管理学校，调动不起学校的积极性和主动性。学校在人、财、物等教育资源的分配使用上，在学制、招生、分配等环节上没有自主权，学校缺乏生机和活力。改革开放后，特别是 20 世纪 90 年代以后，我国开始由计划经济体制向市场经济体制转变，要适应经济体制的转变，教育体制的改革就势在必行。1993 年颁布的《中国教育改革和发展纲要》明确指出，我国教育体制改革的目标是建立与社会主义市场经济相适应的教育新体制，这一新体制包括多元化的办学体制、多渠道的投资体制、政校分离的管理体制、自主招生与择业的招生和就业体制等。

第二节　教育对经济的促进作用

在现实社会中，一方面经济发展受经济制度和社会制度的制约；另一方面，劳动力、自然资源、资本、科学技术、管理等也是影响现代社会经济增长的重要因素。其中劳动力、资本、自然资源是经济生产活动的物质基础，其他要素通过改善物质基础的质量来促进经济发展。随着经济的不断发展，影响经济增长的各种因素也在不断发生变化，有的因素的地位和作用发生了变化，还有新的影响因素产生。因此，探讨教育对经济增长的促进作用可以通过探究教育与影响经济增长的因素之间的关系来进行。在当今社会的经济发展中，高质量的劳动力、科学技术、管理和自然资源的合理开发利用越来越成为影响经济发展的关键因素。

一、教育能够提升劳动者素质

教育作为有计划、有系统、有目标的培养活动，通过教师的指导、学生的学习，能够有效提升学生的知识文化水平和劳动技能。一方面，学校教育将经过筛选的系统、科学的人类文化遗产传授给学生，提升学生的文化修养、思想觉悟、道德水准。而这些优秀的品质在学生走上工作岗位后，能将之转化为敬业精神和对待工作的责任心，有利于劳动生产率的提高。另一方面，学校教育除了向学生传授基础知识之外，还要训练学生的实践能力、知识转化能力。在高等学校，所有专业都会给予学生实习机会，搭建实训平台，促进学生实践能力的提升。具有良好实践能力的学生在走上工作岗位后，能够迅速适应工作环境，将所学的理论知识应用到工作中，为企业带来效益。总之，不管是基础教育还是高等教育，都能促进学生德、智、体、美全面发展，为他们成为合格的公民并持续发展奠定基础。

随着劳动者的体力和智力的提升，劳动者的素质也获得提升，进而提高了劳动生产率，推动经济发展。假设经济投入中劳动力的数量不变，劳动力质量的提高就会使经济总量因为劳动生产率的提高而增长，这样就使经济在节约资本和更多劳动力的条件下实现增长和发展。系统的学校教育和在职培训，不仅可以提高劳动者的整体素质，还可以使劳动者自身的劳动力形态得到改变。劳动者可以由从事简单劳动转变为从事复杂劳动，由普通劳动力转变为专门劳动力。教育培养出的具有一定素质的人走进社会，成为社会的公民，担任一定的社会角色，能够促进社会的稳定和发展。

二、教育能够提升科技水平

在知识经济时代，科学技术越来越成为推动经济增长和社会进步的最主要动力。但是科学技术的产生和应用必须通过与其他生产要素相结合，创造更多的物质财富和精神财富才能发挥作用。教育在促进科学技术转化为生产力的过程中发挥着举足轻重的作用，主要原因包括：首先，教育具有积累、传递、发展科学技术的功能；其次，现代教育与生产部门、企业有密切的合作联系，实现了产、学、研结合，能快速地将科学技术转化为生产力，从而促进经济增长。

现代科学技术的发展依赖于教育。因为科学技术的发展是建立在原有的科学技术的基础之上的，而原有的科学技术是知识长期积累的结果。教育的最主要任务就是积累和传递科学技术，使受教育者学会新技术、新技能、新方法，提升他们的科学技术水平，并将其与日后的生产经验、劳动技能有机结合起来，从而实现科学技术的推广与应用。现代教育尤其是现代高等教育，担负着发展科学技术的重任，是科学技术创新的重要基地，聚集了高水平的科学家和技术人才，科学门类齐全、设备先进、经费充裕，具备进行尖端科学研究、跨学科研究等创造新的科学技术的充分条件。目前，大量的科学技术成果都是在高等学校中产生的。

教育能促进科学技术转化为生产力。高新技术发展的显著特征是科研、教学、生产相结合，使知识、技术、人才高度集中，从而实现研究成果和科学技术的迅速转化。生产部门和企业要推广和应用新的科学技术成果，必须依赖于拥有创造性思维的高素质人才，而教育最重要的任务就是培养具有创新精神和实践能力的高素质人才。因此，教育为科学技术的转化提供了强大的人才资源。一方面，企业和生产部门在吸收和应用新的科技成果的过程中，需要依靠强大的科学、智力资源，而高等教育机构恰好能满足生产部门和企业寻求科学、技术、智力支持的需要。教育部门尤其是高等学校向企业转让最新的科研成果，为它们提供技术咨询和指导。另一方面，企业为高校的科研提供了经费支持和实验场所。因此，科研、教学、生产的结合能够加速科技成果的推广和应用，促进经济的发展。

三、教育能够提升管理水平

所谓管理是指在一定的环境和条件下，对组织的资源（包括人、财、物、信息、时间等基本要素）进行有效的计划、组织、领导和控制，以达成既定目标的过程。管理作为协作劳动的共生物，古已有之。单就企业管理来说，是在人类发展史上出现企业后才出现的，是随着企业模式从家庭个体手工业到工场手工业，再到机器工业而逐步发展起来的。可以说，管理是社会化大生产的客观要求和直接产物。20世纪以来，管理以及管理科学得到迅速发展，成为促进经济增长和经济发展的重要因素。管理与科学技术、教育被称为经济增长的三大支柱。管理水平的高低取决于多种因素，教育是核心因素之一。总体来看，教育在提高管理水平中的作用主要包括以下两点。第一，培养管理者队伍。管理者的来源有两个，一是直接从生产者和技术人员中提拔，把他们中的优秀者变为管理者；二是靠学校教育培养，学校教育通过各种社团活动、管理课程为企业提供优秀的管理者。第二，提高管理人员的素质。管理人员素质的提升，一方面可以依靠在实践中的摸索，积累经验；另一方面可以依靠教育和培训，使教育在提高管理人员的素质方面具有更高的效率。

四、教育与自然资源开发

自然资源是在一定社会经济技术条件下产生生态价值或经济价值的天然物质和自然能量的总称。自然资源是人类存在和发展的基础，同时也是影响经济增长的重要因素之一。自然资源一般分为恒定性资源、可再生资源、非可再生资源三种。太阳能、风能、潮汐能等是恒定性资源；土地、森林、草原等是可再生资源，可以通过人工劳动使之恢复和再生；各种金属、煤炭、石油等属于非可再生资源，随着开发其存量只能越来越少。自然资源丰富的国家可以通过合理开采和使用自然资源，将其转化为生产资料，推动经济发展。而自然资源不丰富的国家，只能通过进口来满足生产和生活的需要，这无形中增加了经济成本。因此，自然资源的拥有量和开发利用程度是影响经济增长的重要因素。20世纪以来，随着社会的快速发展，自然资源被过度开发，致使大气污染严重，资源枯竭型城市越来越多。我们要合理地开发、利用、保护自然资源，了解自然资源的基本常识，掌握合理开发自然资源的方法和技术，同时还要有节约自然资源的意识和保护自然资源的生态观。这些知识、理念是推动一个国家和社会经济持续、健康、稳定发展的主要因素。

教育能够帮助人们了解和认识一个国家和地区的自然资源，包括资源的种类、数量以及开发程度等，更重要的是教育能够帮助人们学会正确合理地开发和使用自然资源。自然资源绝非取之不尽、用之不竭，尤其是水资源、森林资源等，其再生相当困难。由于过去较长时期内人类无节制的开发利用，现在这些资源已日益减少，资源匮乏和资源危机已成为世界性的问题。这就要求人们合理地开发和利用自然资源，避免盲目的、掠夺式的开采，注意节约自然资源。为此，我们需要大力发展教育。教育可使人们掌握现代科学知识和技术，尤其是有关资源开采、利用和回收方面的知识，从而提高开发利用自然资源的效率和质量，并引导人们想办法利用自然界中相对丰富的资源（如太阳能、风能、潮汐能以及生物能等），用相对丰富的、可再生资源去代替那些贫乏的、稀有的、不可再生的资源，解决某些资源的短缺问题。教育能够帮助人们树立正确的资源观，使人们具有保护自然环境和节约自然资源的意识，自觉地处理好人与自然、人与资源、人与环境的关系，做到既开源又节流，既利用自然资源又改善自然环境，使人们的生产和生活方式适应合理开发和利用自然资源的要求。

第三节 教育与经济的协调发展

一、教育与经济协调发展概述

（一）教育与经济协调发展的含义

教育与经济协调发展是指教育所培养的劳动力的总量、结构与经济发展的需求相适应。教育的经济功能主要体现在为经济发展输送不同程度的劳动力，通过教育和培训提升劳动力的知识文化水平、劳动技能，进而提升劳动力的整体素质。教育与经济是两个不同的系统，劳动力的数量和质量是两个系统的交集点。因此，教育与经济两个系统相互协调的意义就在于教育所培养的劳动力的数量、质量能够满足经济发展的需要，即教育供给的劳动力与经济需求的劳动力在数量、质量和结构等方面相互吻合。

（二）教育与经济协调发展的表现

教育与经济的协调发展主要表现在三个方面：数量的均衡、结构的均衡和地区间的均衡。

1. 数量的均衡

数量的均衡是指各级各类教育每年所培养的学生数量在总量上与经济、社会发展的需求相一致，既不能过多也不能过少。按照我国法定劳动年龄，16岁以上的青年即可就业。因此，只有16岁以上的青年可以算作劳动力，能够为社会创造经济价值。所以，数量均衡主要是指初中以上的毕业生，包括高中、中等职业技术教育、高等教育的毕业生的数量与经济、社会的需求相一致。

2. 结构的均衡

众所周知，教育分为不同级别和类别，在高等教育阶段又包括不同的专业。然而，现实社会中在一定范围内不同的职业并非只对应某一级别或某一专业的劳动力，因此，劳动力在一定范围内具有可替代性。教育的类别和专业结构并非与经济的产业、行业和职业结构一一对应，所以从社会需求和教育供给来讲，结构的均衡是相对的。

3.地区间的均衡

所谓地区间的均衡是指某一地区教育所培养的劳动力在数量和结构上应该与该地区经济发展所需要的劳动力相一致。在我国，由于高等院校大都集中在东部沿海城市和发达地区，使这些地区集中了过多的劳动力；而在中西部地区，由于经济相对落后，劳动力不论是在质量还是在数量上都严重不足。因此，地区劳动力不均衡是一个亟待解决的重要问题。

教育与经济的协调发展是一种理想状态，在现实中，教育与经济的非协调发展是常态。因此，保持教育与经济的协调发展并非是要两者达到理想状态的均衡，而是要将非均衡状态控制在可以接受的范围内，尽量降低不均衡所带来的消极影响。

二、教育与经济非协调发展概述

（一）教育与经济非协调发展的表现

所谓教育与经济非协调发展，是指教育所培养的劳动力在数量、结构、区域方面与经济发展的需求不一致。

首先，从数量方面来看，教育与经济的非协调发展主要表现为教育不足、过度教育与知识失业。教育不足主要是指个体劳动力所受教育的水平低于其工作所需要的教育水平。从宏观上来看，这主要表现为一个国家受过教育或受过高等教育的劳动者数量不足。教育不足的现象在发展中国家和不发达地区较为常见，这些国家和地区因为经济落后，人们的温饱问题尚未解决，没有充足的金钱去接受高等教育。因此，在这些国家和地区中，文盲和半文盲的比例相对较高，在生产领域中，拥有高等教育文凭的劳动力比例相对较低，不能满足经济发展需求。过度教育是指社会或个人所拥有的教育超过了其所需。过度教育主要表现为：受教育人口的失业率比较高，甚至超过未接受教育的人口或教育层次低的人口；受教育人口的专业技能未得到充分利用，就业不充分或学非所用；高才低用，大学毕业生从事通常由高中毕业生就可胜任的工作，而高中毕业生则从事由初中毕业生就可胜任的工作；接受过某一水平教育的人，现今的实际收入比以前低。知识失业是与过度教育相伴出现的现象。

其次，从结构方面来看，教育与经济的非协调发展主要表现为某一层次或某一专业的人才过量与人才短缺同时存在。例如，在我国改革开放初期，同市场经济相联系的财经、国际贸易、经济管理和政法等专业人才短缺，同计划经济相关的专业人才过剩，某些高新技术产业的人才短缺，而某些传统技术产业的人才过剩。

最后，从区域方面来看，教育与经济的非协调发展主要表现为经济发达地区人才过于密集，而经济欠发达地区和农村地区则人才匮乏，出现人才外流现象。

（二）教育与经济非协调发展的原因

教育与经济非协调发展不仅会影响经济的发展，还会造成人才资源的浪费，影响教育、经济和社会的稳定。教育与经济非协调发展的原因是多方面的，总体来看，主要有以下几点。

1. 教育周期与经济周期不同步

不同级别的教育由于学制不同，具有不同的周期性。经济也有周期性，增长、停滞、衰退交替出现。一般而言，教育的周期相对固定，而经济周期无固定时间，两者周期长短不一致，很难同步。当经济高速增长时，经济规模就会扩大，对劳动力的需求急剧增加，这时就需要教育提供充足的人力资源。但是，若教育供给不能满足社会需求，就会出现人才短缺的情况。反之，当经济衰退或停滞时，经济规模就会缩小，对劳动力的需求就会减少，对教育资源的供给能力也会下降，但是教育依旧按照原来的计划培养劳动力，这些劳动力进入市场时就会出现人才供给过剩现象。

2. 经济技术结构的快速变动性与教育结构的稳定性不相适应

在知识经济时代，知识、技术更新的节奏变快。例如，电动机从发明到应用共用了 65 年，真空管用了 31 年，雷达用了 15 年，电视用了 12 年，集成电路仅用了 2 年，激光只用了 1 年。总之，新的科学技术的广泛应用将引起知识结构、技术结构、产业结构以及职位结构的变化与更新，这些变化对劳动者的知识、技能和专业提出了新的要求。但是教育的专业设置、课程内容、师资配置等都是相对固定的，因此，教育结构的变革必将落后于经济和技术的变革。由此可见，经济技术结构的快速变动与教育的相对稳定不适应，容易造成教育所培养的人才不能满足社会的需求。

3. 经济体制转轨与制度缺陷

不同的经济制度对人才的培养要求不同，例如，市场经济条件下与计划经济条件下，经济发展对人才结构、教育的专业结构的要求有较大差别。当一种经济体制转向另一种经济体制时，由于教育的稳定和滞后，必然会造成某类人才在一定时间内的短缺，从而导致教育与经济的非协调发展。

4.地区经济发展不平衡

我国城乡之间、地区之间的经济发展水平存在一定差别，在用人政策以及工资、福利待遇等方面也存在差别，由此导致经济发达地区和大中城市人才过于密集，而经济落后地区和农村地区人才匮乏，这是造成教育与经济在区域间发展不协调的重要原因。

三、教育与经济协调发展的基本对策

保持教育与经济的协调发展，不仅有助于经济持续、健康、稳定地增长，也有助于教育质量的提升。总体来看，保持教育与经济协调发展的基本对策主要包括以下几点。

（一）教育与经济发展在规模和速度上保持一致

在现代社会，教育与经济之间存在着密切的关系。一方面，经济发展决定教育发展；另一方面，教育对经济发展也具有极其重要的作用。教育是促进经济增长的重要因素，各国都把教育作为国民经济发展的战略重点，确保教育优先发展。但是，教育事业的发展必须依赖一定的物质条件，即人力、财力和物资，才能与经济发展保持一致。若教育事业发展规模过小、速度过慢，教育所提供的人力资源不能满足国民经济发展的需求，就会导致经济衰退；反之，若教育事业发展规模过大、速度过快，超过了经济基础的需求，那么教育所培养的劳动力就可能失业，造成人才资源的浪费。因此，只有保持教育事业发展的速度、规模与国民经济增长的速度、规模相一致，才能保证教育所培养的劳动力发挥人力资源优势，为国民经济发展做出贡献。基于此，我们要对未来的教育、经济发展进行科学的分析与预测，计算教育与经济发展之间的供求关系，制定正确的教育发展战略和规划，保证二者协调发展。

（二）教育与经济发展在结构上相适应

教育与经济发展必须在结构上相适应，这是实现教育与经济协调发展的要求。经济结构是指国民经济的大系统中各部分的排列、组合和结合方式。教育结构是构成教育总体系的各个部分的比例关系及结合方式。这两种结构都具有形式的复杂性和内容的丰富性。因此，教育与经济结构相适应也应该是多方面和多层次的，归结起来，我们应把握好以下三点。

1. 教育的级别结构必须与经济部门的劳动技术结构相一致

实现教育与经济的协调发展需要保证教育与经济在结构上相适应、相一致。经济结构主要包括两个方面的内容：一方面是劳动技术结构，主要指生产部门中各种不同技术之间的比例关系，如自动化、半自动化、机械化、半机械化、手工操作之间的比例关系；另一方面是各个产业或行业中初、中、高技术水平的从业人员在整个从业人员中所占的份额及结合关系。所谓教育级别结构主要是指各级教育程度的在校学生在整个教育系统学生总数中所占的比例及结合关系。一般而言，不同的经济部门、不同的生产单位所使用的劳动力的技术水平是不同的，对劳动力的组成结构及比例也有不同的要求。教育的不同级别对应着不同的劳动力结构，一般而言，受教育程度越高的劳动者越能承担高技术水平的工作。因此，教育结构必须与经济部门的劳动技术结构相一致，才能保证人才得到充分利用。从目前来看，我国存在教育级别结构和经济部门的劳动技术结构失衡的现象。一方面，教育自身结构不均衡，我国的高等职业技术教育处于弱势地位。另一方面，劳动技术结构不均衡，中、高级技术人才比较匮乏，造成了两者之间的不协调。因此，我们必须大力发展职业教育，培养更多的技术应用型人才。

2. 教育的类别结构必须与国民经济的产业结构相一致

教育类别结构也称教育专业结构，是指各类教育在校学生人数在教育系统在校学生总人数中的比例，以及各类教育在校学生人数之间的比例关系。它是按照教育的类别或专业划分的，是各类教育在中等以上类别的教育中所占的比例。从大的类别方面划分，有普通教育与专业教育。我们一般认为划分教育类别结构不应包括初等教育，应从中等教育开始划分。中等教育类别主要有普通中学、职业中学、中等技术学校、中等职业学校、中等专业学校等。高等教育专业类别主要有文科、理科、工科、农（林）科、医学、师范、财经、政法、体育、艺术等十几个大类，每个大类可再细分为各种具体教育专业。产业结构是指国民经济各部门及内部之间的比例，如第一、二、三产业之间的比例和构成；生产资料的生产与生活两大部类之间的比例和构成；农业、轻工业和重工业之间的比例和构成；农业内部、轻工业内部和重工业内部各行各业之间的比例和构成等。

世界上大多数国家都把国民经济各部门划分为三次产业，用三次产业之间的比例关系来表示国民经济结构。1935年，费希尔在其著作《安全与进步的冲突》中提出了三次产业分类法：产品直接取自自然界的部门称为第一产业；对初级产品进行再加工的部门称为第二产业；为生产和消费提供各种服务的部门称为第三产业。1985 年 5 月，我国国务院办公厅转发了国家统计局关于建立三次产业统计的报告，正式采用三次产业分类法，并把三次产业划分为：第一产业，农业（包括林业、牧业和渔业等）；第二产业，工业（包括采掘业、制造业、自来水、电力、蒸汽、煤气等）和建筑业；第三产业，除第一产业和第二产业以外的其他产业。由于第三产业包括的行业多、范围广，所以又分为两大部门（流通部门和服务部门）和四个层次。第一层次：流通部门，包括交通运输、邮电通信、商业饮食、物资供销和仓储各业。第二层次：为生产和生活服务的部门，包括金融保险、地质普查、房地产、公用事业、居民服务和旅游等。第三层次：为提高科学文化水平和居民素质服务的部门，包括教育、文化、广播电视、科学研究、卫生、体育和社会福利各项事业。第四层次：为社会公共需要服务的部门，包括国家机关、党政机关、社会团体以及军队、警察等部门。

产业结构的变化必然引起劳动力从业结构的变化，而劳动力从业结构的变化必然要求教育类别结构进行相应的调整。产业结构决定了所需求的劳动力结构，教育结构决定了所供给的劳动力结构，劳动力结构是联结二者的中介。从社会再生产的角度看，教育部门是劳动力的供给者，国民经济各部门是劳动力的需求者，二者之间存在一种供求关系，即劳动力的供求关系。这种供求关系与物质产品的生产者、需求者之间的供求关系一样，生产者的供给只有和需求者的需求相适应，才能保持供求平衡。教育类别结构与经济部门的产业结构相适应，培养出来的人才规格和数量满足各行各业的需要，就能促进国民经济的发展，使教育投资充分发挥其经济效益。反之，如果教育类别结构与经济部门的产业结构不相适应，就会出现有的部门和行业人才缺乏，有的部门和行业人才过剩，"事找不到人"和"人找不到事"的现象。其后果是：一方面，人才供给失衡，使产业结构比例失调，从而影响整个国民经济的发展；另一方面，有些人学非所用，有些人用非所学，降低了人力资本的使用效率，从而使一部分教育投资不能发挥其经济效益。因此，教育结构是否合理具有重大的经济意义。为了保证国民经济的稳定发展和教育经济功能的充分发挥，教育类别结构必须与经济部门的产业结构相适应。

3. 教育的布局结构必须与地区的经济结构相一致

教育的布局结构主要是指各级各类教育在不同地区的分布结构。国民经济的地区结构是指国民经济各个部门、各种经济形式、各个组织和社会再生产各个环节在一个地区的构成、联系和结合的方式。我国国民经济的地区结构存在不平衡，东部沿海地区经济发达，中西部地区经济发展缓慢，生产力水平相对落后。各地区经济发展不平衡，从而造成了教育发展不平衡。一般说来，经济发达地区物质条件较好，教育事业发展较快，各级各类学校布局也较合理；经济落后地区物质条件较差，教育事业发展相对缓慢，各级各类教育布局难以合理。鉴于我国经济区域发展不平衡的现状，为使教育布局结构与地区经济结构相一致，我们应做到以下几点。

首先，在东部沿海城市、经济发达地区和内地少数发达地区，初等、中等教育学校数量较多，设施先进，布局也基本合理。因此，这类地区应着重考虑中等教育学校的布局，逐步普及中等教育，并发展中等职业技术教育，使中等教育结构趋于合理；高等教育的类别、学科、专业设置和布局要尽力做到结构合理，保证教育质量。

其次，在经济中等发达地区，我们的首要任务是普及九年义务教育，使小学的布局结构合理，同时兼顾中等教育，使普通中学和各类职业技术学校的布局合理、结构均衡，逐步向普及中等教育迈进。

最后，经济不发达地区应该着力做到小学教育的布局结构合理，普及九年义务教育。

总之，一个国家的教育结构不是随意确定的，受多种因素制约，主要受经济结构的制约。因此，根据国民经济结构的变化确立合理的教育结构是保持教育与经济协调发展的重要举措。随着国民经济的快速发展、经济结构的不断变化，教育结构也必须对经济结构的变化做出快速反应，进行相应的调整和变革，使教育结构与经济结构保持动态的平衡。

教育发展与经济发展是相互影响、相互制约的。一方面，经济发展决定教育发展；另一方面，教育发展促进经济发展。经济发展对教育发展的决定作用主要表现在，经济发展决定教育发展的速度、规模、结构、体制。教育对经济的促进作用主要表现在，教育能够提升劳动者的素质、科技水平、管理水平，促进自然资源的合理开发。教育与经济应该保持协调发展，在发展速度、规模以及结构上保持一致。

第五章　教育与就业

第一节　教育与就业的关系

根据国际劳工组织的定义，就业是指在一定年龄范围内人们为获取报酬或赚取利润所进行的活动。在现代，就业是绝大多数成年劳动者及其家庭得以生存和发展的重要基础，同时社会就业状况在国民经济和社会发展中具有十分重要的位置。因此，就业问题不仅是经济问题，还是政治问题和社会问题，在发达国家如此，在发展中国家亦如此，在我国更是一个不容忽视的社会问题。劳动就业事关亿万人民的切身利益，处理不好就会出现影响全社会的问题。

一、就业问题存在的客观必然性

马克思从两方面分析了就业问题的存在：一是从生产的社会形式分析了就业问题存在的必然性及性质；二是从生产力本身的发展，劳动生产率的提高对劳动力的影响分析了就业问题存在的客观必然性。在社会化大生产和市场经济条件下，就业问题并不是某一社会经济形态的特有现象，而是市场经济和社会化大生产的必然产物。

（一）社会化大生产的发展，资本有机构成的改变，必然排斥劳动力，客观上形成就业问题

社会再生产过程实际上是不断扩大的再生产过程，而扩大再生产不可能只靠外延扩大，也不可能只维持原有技术构成。技术构成的改变，会造成原有劳动力需求的相对减少；如果采取内涵型扩大再生产，则会造成对劳动力的绝对排斥。随着社会生产力的不断发展，科学技术的日益进步，必然造成劳动力需求的减少，从而使一部分劳动力失去与生产资料结合的机会。这部分劳动力人

口在被新的部门或行业接纳之前，便处于一种事实上的闲置状态。对于劳动者个人来说，这种闲置也许是短期或暂时的，但从全社会来看，总会存在相当数量的闲置劳动力，形成就业问题。可见，以技术构成不断提高劳动生产率为特征的社会化大生产对劳动力需求的绝对或相对减少是不可避免的。

（二）市场经济的发展，社会化程度的提高，社会分工的深化，必然引发新的就业问题

随着市场经济的发展，社会化程度的提高，社会分工的不断深化，必然引起产业结构的不断调整和生产要素的重新配置，使一些新兴产业部门逐渐发展起来，传统过时的产业部门则逐渐衰落，甚至被淘汰。从这些部门游离出来的劳动者如果不能及时更新技术，适应新兴产业部门发展的需要，就会失业，造成新的就业问题。

（三）竞争机制的推行，企业内部管理的加强，优胜劣汰的作用，也使就业问题成为必然

在市场经济条件下，竞争机制不但作用于一般的商品市场，也通过劳动力市场发挥作用，优胜劣汰，使生产要素得到合理配置。从企业来看，有些企业由于经营不善，管理落后，效益低下，最终破产倒闭，而破产倒闭企业的员工在一定时间内将处于失业状态。即使在市场竞争中立于不败之地的企业，为了继续保持市场优势，也会加强内部管理，特别是通过降低成本、提高劳动生产率、减少消耗，使劳动力与生产资料保持在最佳结构状态，这也使素质和劳动效率较差的劳动者被裁减而需要重新就业。从劳动力本身看，由于社会分工不同，就业机会不等，素质较好的劳动力也会因企业倒闭和其他原因而失去工作；由于个人能力的差异，在同行业、同部门内部客观上也存在着强者排斥弱者、使低素质劳动者失去工作岗位的情况。因此，就业问题是市场经济发展过程中不可回避的现实问题。

二、我国就业问题存在的现实根源

上述三个方面在不同经济制度的社会中都对就业问题产生作用，只不过所反映的社会关系和表现的具体形式有所不同。就我国现阶段而言，就业问题还有着深刻的现实根源。

（一）人口总量和劳动力供给相对过剩

国家就业状况的好坏最终取决于劳动力供给和劳动力需求的平衡情况，劳

动力供给又取决于国家或地区劳动人口总量、劳动力参与率等。我国是一个人口大国，劳动力资源丰富，人口基数大，形成巨大的就业压力。从劳动力参与率来看，在现阶段劳动仍然是人们谋生的基本手段，客观上要求劳动者和生产资料相结合，使劳动的权利转变为劳动者获取生活资料的一种福利，这种"权利—福利"型就业，使劳动力参与率得到提高。在我国劳动力供给量居高不下的同时，我国经济发展派生出的劳动力需求严重不足。经济发展向集约经营转变，生产过剩与严峻的买方市场导致劳动要素不断为资本、技术所替代，从而对劳动力的需求不断减少。这样，劳动力市场的供求矛盾是形成我国就业问题的重要原因。

（二）经济体制改革过程中大量体制性冗员释放

我国经济体制改革的重要内容之一是建立现代企业制度，而现代企业制度的建立、企业市场竞争主体地位的确立，最根本的要求是保障企业用工自主权的落实。现代企业制度建立和企业追求利润最大化的目标，迫使企业必须对大量富余人员进行必要的释放，加剧了当前的就业问题。

（三）经济结构调整产生大量结构性失业人员

经济结构的调整和升级是国家产业实质性发展的需要，也是评价和衡量经济发展不同阶段的最重要标志。国民经济实现快速、持续、协调发展和全球经济一体化过程中竞争的不断加剧，客观上要求企业调整产品、技术、组织、地区、产业和所有制等结构。在经济结构调整过程中，职工就业岗位转移迟滞和部分职工技术技能相对落后，使结构性失业人员数量增加，出现就业问题。

（四）劳动者就业观念滞后引发的就业问题

长期以来，我国国有企业和城镇集体企业职工拥有比较稳定的就业保障。但是，在市场经济体制下，企业存在破产倒闭的风险，因此必然会导致职工的失业或下岗。许多失业职工和下岗职工对突然失去就业保障缺乏足够的心理准备和承受能力，在寻求重新就业和参与市场就业竞争方面显得比较消极被动。出现这种局面与传统计划经济体制下形成的落后就业观念是分不开的。其具体表现如下。

第一，一些劳动者仍希望依赖政府，消极等待就业安排。一些劳动者特别是失业人员与企业下岗职工，根据自己的习惯认识，认为政府有义务为自己重新安排工作，不愿意自己寻找就业机会，影响了就业问题的解决。

第二，一些劳动者，包括一些大中专毕业生在择业时贪图轻松安逸，对职业劳动挑肥拣瘦。当前就业形势严峻，劳动力市场竞争激烈，有一些劳动者未能转变自己的观念，在择业时总是希望找到劳动环境舒适、工资待遇优厚、上班时间合适的工作，拒绝接受条件较差的单位和岗位，结果出现了结构性失业与自愿性失业的现象。

三、就业问题的利弊分析

在社会化大生产和市场经济条件下，就业问题的存在是一种客观事实，不可能完全消失。但是，在一定条件下，就业问题的存在还有利于社会主义市场经济的发展。

（一）有利于促进劳动者之间的竞争和劳动力素质的提高

就业问题的存在必然使劳动力市场存在一定规模的未就业劳动者，这是一支产业后备军。它的存在，一方面要求未就业者必须提高自身素质以适应劳动力市场寻求，从而直接推动整个社会文化水平的提高；另一方面对就业者也会造成一种压力，即必须发奋学习与工作，适应生产技术发展的要求，以更好的素质、更高的效率面对挑战与竞争。

（二）有利于企业降低成本和增强产品的市场竞争力

企业是从事商品生产、交换、分配的经济实体，自主经营，自负盈亏，自我发展。在市场经济条件下，企业为了生存和发展，就必须使生产资料和劳动力的结合在数量、质量、时间和空间上达到最佳状态，并随着企业经营规模和战略的变化，及时调整劳动力与生产资料的结构比例。这就要求企业及时裁减冗员，吸纳适合企业生产经营的合格劳动者，将市场竞争压力转化为企业内部就业者的竞争压力，调动劳动者的积极性、创造性，降低成本，提高劳动生产率，增强产品竞争力。就业问题的存在客观上为企业择优用人、劳动者自主择业提供了前提条件。

（三）有利于国家宏观配置生产要素和减少社会劳动的浪费

就业问题的存在，使过去的隐性失业显性化，为劳动力的合理流动提供了可能，使许多急需劳动力的新兴产业部门可以从劳动力市场获得充足的劳动力，促进了劳动结构、产业结构的调整优化，有利于劳动力资源的充分开发和合理利用，避免了整个社会的生产低效和资源浪费。

（四）有利于劳动力的转移和第三产业的发展

从对劳动力的需求看，今后对劳动力的需求量主要取决于第三产业的发展。在我国，就业的劳动力大量滞留在第一、第二产业，第三产业的就业劳动力数量相对较少，而发达国家第三产业的就业人数比率为 60% ～ 70%。在就业问题存在的情况下，劳动者为了自身的生存、发展和就业必须要选择和开发新产业和新部门，这必将刺激第三产业的发展，引导劳动力向第三产业转移，并为第三产业的发展提供劳动力。

当然，在一定条件下，就业问题的存在有利于社会主义市场经济的发展，但这并不意味着我们可以对这一问题掉以轻心。因为尽管失去工作的人是少数，但是少数人一旦利益受到损害，其生存受到威胁，就会影响社会稳定，影响宏观经济的正常运行。因此，我们对就业问题应正确认识，正确对待，在承认就业问题存在的前提下，寻求一条妥善解决的途径。

第二节　教育与就业的问题及其解决途径

一、教育在解决一般性就业问题中的作用

一般性就业问题是指缺乏足够的工作岗位而产生的就业问题，它所表现出来的基本特征是"人找事"。在我国，一般性就业问题主要是人口众多和经济落后两个基本因素决定的。劳动力总供给相对过剩和人均占有资源相对短缺的矛盾相互交织，这种矛盾在今后相当长时期内仍然无法解决，所以一般性就业问题不仅过去存在、现在和未来也不可能消失。由于市场机制的作用，我国的一般性就业问题在一定时期内仍会存在。

对于一般性就业问题，在两种不同的经济体制下，其解决的途径是不一样的，教育在其中发挥的作用也大不相同。

在传统的计划经济体制下，政府用统包统配的方式在企业中安置劳动力，其中相当部分的劳动力是国民经济发展和企业生产经营所不需要的。从经济学角度讲，这部分人员的边际生产率为零甚至是负数。这样做对企业活力的增强、劳动者素质的提高和国民经济的健康发展造成了不良影响。因此，计划经济体制下对一般性就业问题的解决，是以牺牲劳动生产率和浪费人力资源为代价的。靠这种办法是很难解决一般性就业问题的。

而在市场经济体制下，市场机制的作用一方面使隐性失业显性化，另一方

面使一般性就业问题得到解决。那么，就业问题为什么会随着市场经济的发展而得到解决呢？这是因为在劳动力总供给既定的情况下，就业问题的解决主要靠优化经济结构和加快经济发展速度来实现，市场经济体制在这两方面都优于传统计划经济体制。在市场经济体制下，国家始终把优化经济结构和提高经济效益作为经济工作的中心，大力发展容纳劳动力更多的第三产业，在所有制结构上，坚持以公有制为主体和多种经济制度共同发展。这不仅从宏观上为优化就业结构和扩大就业规模提供了保证，也为加快国民经济发展、增加就业岗位创造了条件。市场经济体制不仅能从优化经济结构方面为扩大就业规模和减少失业人数创造条件，还能促使国民经济快速和协调发展，为增加就业岗位和减少失业人数提供保障。在市场经济体制下，市场在国家宏观调控下对资源的配置起基础作用，使经济活动遵循价值规律，适应供求关系的变化，通过价格杠杆和竞争机制，把资源和资金投入效益好的企业，并且使多元的投资主体不仅享受投资利益，还要承担投资的风险。这就从体制上解决了供给短缺、重复建设和投资效益低下的矛盾。在微观上，企业成为真正的自主经营、自负盈亏、自我发展、自我约束的法人实体和市场竞争者，解决了传统体制下束缚企业生机和活力的问题。在收入分配方面，国家实行按劳分配为主体、其他分配方式为补充的分配制度，充分调动劳动者的生产积极性和创造性。这些条件能够保证国民经济在结构合理和效益提高的轨道上快速发展。经济增长需要劳动力，这就为增加就业岗位和减少失业人数提供了保证。同时，经济发展了，人均收入水平提高了，消费结构就变化了，第三产业也就发展起来了，可以促进大量劳动力就业。实际上，自从坚持市场经济改革以来，我国经济保持了较高的增长速度，每年新增就业人数都在增加。这就是所谓"发展市场经济—经济发展—扩大就业"的良性循环。我们在这里讲教育对解决一般性就业问题的作用，主要是指教育在这个循环中是一个重要的前提条件。这具体表现在以下几个方面。

（一）教育是经济发展的保证，是解决劳动力一般性就业问题的前提

在现代经济条件下，经济部门的发展都必然以人为主体。如果没有足够数量和质量的劳动力，经济部门就很难有真正的发展。而经济部门无法发展，也就不能吸纳更多的劳动力。特别是高新技术部门和某些第三产业部门，一般都表现出对就业者文化素质要求高的特点。这些经济部门的发展对教育的依赖程度更高。而现代教育的各个组成部分正是通过培养经济发展所需的特定劳动力，来促进国民经济中特定产业的发展，从而促使更多的劳动力就业。这既是现代教育作用于经济的基本功能，也是教育解决劳动力一般性就业问题的基本途径。

然而，教育的人才培养有一定的周期，教育结构的调整变化需要一定的时间。这就要求教育在专业设置上要超前于经济的发展，做到对经济部门中所需人才进行超前培养，从而对高新技术部门和某些第三产业部门的诞生、发展起引导作用。教育只有适当超前发展，对经济部门所需劳动力进行超前培养，才能把握经济发展和劳动力就业的主动权。否则，教育的发展就会老是当"马后炮"，从而阻碍经济的发展和劳动力就业问题的解决。正是从这个意义上说，教育的发展是经济发展的保证，是解决劳动力一般性就业问题的前提。

（二）教育是科学技术转化为生产力的中介和基础

经济发展靠科技，科技进步靠人才，人才培养靠教育，这是现代经济发展的客观规律。邓小平同志多次指出："我们要实现现代化，关键是科学技术要能上去。发展科学技术，不抓教育不行。靠空讲不能实现现代化，必须有知识，有人才。"因此，抓科技必须同时抓教育。现代生产是科学技术的物化，这决定了现代教育是制约现代生产的中间环节和决定性因素。教育通过对生产力中最重要、最活跃的主体因素——人的培养，使科学技术较快地转化为现实生产力。无数事实证明，科学技术的发展依赖于教育，没有教育也就没有科技进步。科学技术的普及、应用、转化为现实的生产力，更需要教育的支持。譬如，人类历史上第一台蒸汽机车（火车头）在1797年由一个叫特勒维西克的人搞成了。他用了十年工夫来研究，蒸汽汽车能拉10吨铁和70个人，可是一直停留在供人参观的状态。普遍应用的火车头和世界上第一条铁路的建成是1825年的事。特勒维西克的火车头为什么没有马上转化成生产力？一个最重要的原因就是没有大批受过教育和训练的蒸汽机工程师和技术工人。而后来瓦特等人的发明之所以能实现，正如马克思指出的："只是因为这些发明家找到了相当数量的，在工场手工业时期就已经准备好了的熟练机械工人。"教育正是通过培养大批能够掌握和运用先进生产工具的技术工人来推动科学技术转化为生产力，促进经济发展，并以此为契机使劳动力一般性就业问题的解决成为可能。

（三）教育本身的发展，有助于一般性就业问题的解决

关于教育对社会就业状况的影响，人们一直以来重点考察的是其中的长期效应，而忽视其中短期的积极影响。事实上，教育发展在短期内也对一般性就业问题的解决有着积极作用，主要体现为教育部门本身的发展直接为劳动者提供了大量的就业岗位。现代社会教育部门是传播知识、应用知识和创新知识的产业部门，直接吸纳了大量的劳动人口。"在美国，教育是一个庞大的产业部门，1975—1976年，各级正规教育部门有300万教师，近6 000万学生，创造

了 12% 以上的国民生产总值"。教育凝结了众多教师、管理人员和辅助人员的劳动成果。在我国，教育及与教育相关的部门是吸纳劳动力就业的重要部门，据估计，各级各类学校可以直接为全社会提供占从业人员总量 4% 的就业机会。同时，教育对 GDP 的直接贡献率一般为 4% ~ 7%，高于许多行业，间接增加了大量的劳动就业岗位。

（四）教育的发展为经济发展和一般性就业问题的解决创造了良好的社会环境

在现代科学技术革命的条件下，经济的发展实际是大量科技成果在经济部门中应用的结果。它必然带来劳动力的全面流动。而这种变化需要与之相适应的社会环境，否则，就有可能受到社会的制约。著名的未来学家约翰·奈斯比特指出："每当一种新技术被引进社会，人类必然会产生一种需要加以平衡的反应，产生一种高情感，否则新技术就会遭到排斥。技术越高级，社会情感反应也就越强烈。"而这种高情感的产生，取决于社会劳动者的素质。一是心理素质，即对社会变革的理解和认同，特别是在有可能损失自己的既得利益时，社会劳动者能否跳出自身的狭隘天地，表现出社会责任和社会正义；二是自身的能力素质，心理素质往往是建立在一定的能力素质上的，社会劳动者迅速适应高新技术带来的变化，甚至掌握一定的高新技术，就可能在这种变革中处于有利地位。因此，大力发展教育事业，通过教育和培训提高劳动者的心理素质和能力素质，使劳动者具备一定的社会心理、社会意识，创设适于经济发展的社会环境，有助于一般性就业问题的解决。否则，就会增加解决这一问题的难度。

二、教育在解决劳动力结构性就业问题中的作用

结构性就业问题与一般性就业问题不同。一般性就业问题是因缺乏足够的工作岗位而产生的就业问题。结构性就业问题是指因为经济结构和劳动力结构不对应，造成工作岗位与劳动者文化技术水平不相适应而产生的就业问题。它的基本特征是，一方面"人找事"，另一方面"事找人"。

劳动力的结构性就业问题，是社会经济发展过程中不可避免的现象。从理论和实践上看，任何国家和地区的经济增长，既可以通过增加劳动力数量来实现，也可以不通过增加劳动力数量，而是通过技术改造，采用新技术、新工艺来实现。特别是随着科学技术的不断发展，"现实财富的创造较少取决于劳动时间和已耗费的劳动量，较多取决于在劳动时间内所运用的动因的力量，取决于科学水平和技术的进步，取决于科学在生产上的应用"。在现代生产条件下，

各国经济的增长更多靠采用新技术、新工艺，而不是依靠增加劳动力数量来实现。采用新技术一方面可以节约劳动力，减少对劳动力数量的需求；另一方面，采用新技术还可以使新的产业部门兴起，开辟新的经济活动领域，为劳动者就业增加新的途径。但这些新兴的物质生产部门和新的经济活动领域所需要的是具有专门知识的技术人员或熟练劳动力，在劳动力结构与产业结构、技术结构不相适应的情况下，它们很难找到适合本部门所需要的各种专业的劳动力。因此，在一个国家的经济增长过程中就会出现如下现象：一方面存在大量的剩余劳动力，另一方面又有许多部门找不到自己所需要的劳动力；一方面有大量的劳动力找不到工作，另一方面又有许多工作岗位找不到合适的劳动力。这就造成了结构性就业问题。

结构性就业问题的解决，不可能通过停止或减缓劳动力结构的变化，因为停止或减缓这种变化就意味着阻碍科技的发展与进步。唯一的出路在于对劳动力进行再培训、再教育，改善其能力结构，提高其技术熟练程度，以适应新的工作岗位。如果劳动力的素质、能力、技术熟练程度不能与经济结构的变化相适应，经济发展过程中"人找事"与"事找人"的现象将不可避免地存在，从而造成社会人力资源和物质资源的双重浪费，阻碍经济的发展，影响就业问题的解决。

既然劳动力的结构性就业问题是由劳动力的结构不合理造成的，那么，这个问题也只有通过改变劳动力结构才能解决。改变劳动力的结构需要大力发展教育事业，调整教育结构，不断更新教学内容，增加教育机会，加强职业培训，提高劳动者的文化技术水平。无论是劳动者文化技术水平的提高，还是劳动者适应能力的增强，都离不开良好的教育结构。从这个意义上说，发展教育对解决劳动力结构性就业问题有直接的作用。

（一）教育的发展影响着劳动者的文化知识水平和教育程度

劳动者的文化知识水平和教育程度是解决劳动力结构性就业问题的基础。科学技术的发展日新月异，经济部门的生产设备也不断更新，生产工艺经常变革，因而对劳动者的文化知识水平和教育程度的要求越来越高。从一些国家的经验来看，在现代生产条件下，即使是最普通的劳动部门，如果没有中等教育以上的文化程度，没有比较扎实的文化科学基础知识，劳动者要就业也是非常困难的。由此可见，劳动力结构性就业问题的解决与劳动者的受教育程度有着直接的关系。事实说明，一个国家的教育越发达，社会成员所受教育程度越高，劳动力的结构性就业问题越容易解决。

（二）教育的发展有助于劳动者技术水平的提高

劳动力结构性就业问题的解决，在很大程度上取决于劳动者技术水平的提高。一般来讲，在劳动力市场上，技术熟练的劳动者比半熟练、非熟练的劳动者就业要容易得多。这是因为从整体上看，一个国家在经济增长过程中，真正能够增加就业机会的行业和领域，是那些因为科学技术进步所开辟的新行业和新经济活动领域。但是，这些新行业和新经济活动领域需要的劳动者，是在技术上达到一定程度的劳动者。因此，寻求工作的劳动者如果掌握了一定的文化和专门技术，就能比较顺利地就业，否则就很难在劳动力市场上找到满意的工作。在现代生产条件下，提高劳动者的技术水平，关键在于建立结构合理的职业技术教育体系。职业技术教育是对后备劳动者进行的一种文化技术教育，其目的在于使后备劳动者获得一技之长，适应经济结构和劳动力市场发展变化的需要。

（三）教育的发展有助于提高劳动者的劳动适应能力

劳动力的结构性就业问题能否顺利解决，与劳动者的劳动适应能力有密切的关系。

随着现代科学技术的发展及其在生产中的广泛应用，新的产业和新的行业不断涌现，而某些原有产业、原有行业将会衰落，甚至被淘汰，在趋于衰落或被淘汰的部门与行业中就业的劳动者，就面临转换工作岗位或另谋职业的问题。在这种情况下，劳动者更换工作岗位的次数就会增加。据统计，日本劳动者平均一生要更换4次以上工作岗位，美国劳动者平均要更换6次以上工作岗位。在计算机广泛应用后，美国劳动力市场淘汰了8 000多种职业，又产生了6 000多种新职业。我国目前加速调整产业结构、产品结构，也出现了劳动力更换职业、加速流动的趋势。

在市场经济条件下，企业要面向市场，参与竞争。这必然会因种种原因导致一些企业破产倒闭，在这些破产倒闭企业工作的劳动者也面临更换职业和另谋出路的问题。上述劳动者要顺利实现劳动岗位的更换、职业的变动，就不得不提高自己的劳动适应能力。国际劳工组织在一份报告中指出，凡是重视职业培训、提高劳动者素质的国家，劳动力的适应能力就强，就业问题就容易解决。这就要求我们建立"在岗职业培训"制度，帮助劳动者更新知识，适应生产发展的需要，针对失业者组织失业教育，使失业者重新获得新识、新技能，适应新行业、新部门、新职业的需要。

三、教育在解决个人职业选择性就业问题中的作用

除了一般性就业问题和结构性就业问题之外，还存在个人职业选择性就业问题。个人职业选择性的就业问题是指个人出于对职业的选择而未能就业。

个人职业选择性就业问题与结构性就业问题既有相似之处，又有一定的区别。二者的相似之处在于这两种情况下都存在职业空位，这些空闲着的工作岗位都需要劳动者，同时，劳动者也都期望有工作可做。因此，这两种就业问题都表现为"人找事"与"事找人"之间的矛盾。二者的区别在于"结构性就业问题表现为某些工作岗位空闲着，没有工作做的劳动者本人愿意去填补该岗位，但他们缺乏必要的文化和技术，不能适应该项工作的需要，因此未能如愿；而个人职业选择性就业问题则表现为某些工作岗位空着，没有工作做的劳动者也并不缺乏从事该项工作所需要的文化和技术，但他们出于职业选择对该项工作不感兴趣，因此宁肯待业也不愿填补该岗位"。

个人职业选择性就业问题形成的原因是多方面的。劳动者个人兴趣、爱好在选择职业时起着一定的作用。除了劳动者个人兴趣和爱好外，社会舆论的影响、劳动者对社会各种职业的评价标准，也使他们对职业产生了某种看法。他们可能喜欢从事某一种职业，而不愿意从事另一种职业。例如，目前社会上有些人喜欢从事流通、商业领域的工作或其他技术性工作，而不喜欢从事建筑行业、煤炭行业、纺织行业、机械行业、化工行业等工作，这就是个人职业选择性就业问题的集中表现。如果因为个人的兴趣爱好、社会舆论或评价标准而使劳动者在出现职业空位时不去就业，那么这种类型的就业问题就必须通过教育途径来解决。

教育在解决个人职业选择性就业问题中的作用主要表现在以下几个方面。

（一）通过教育建立正确的职业社会评价体系

社会对职业的评价对个人的职业选择有很大影响。如社会对某些职业缺乏应有的尊重，之所以形成社会对特定职业的不公评价，主要因为传统观念的影响。传统观念不仅直接作用于个人的职业选择，还表现在相关的职业政策上。教育在建立正确的职业社会评价体系方面的作用主要表现在：一是通过教育改变特定的社会文化，树立良好的社会风气，逐步改变传统的职业等级观，树立社会分工不同、"行行出状元"的职业平等观；二是通过教育提高社会成员的科学文化水平和劳动者素质；三是促进相关职业政策的改革。

（二）通过教育帮助人们树立正确的职业观

职业是社会分工的产物，离开社会分工就没有职业可言。但不可否认的是，社会各种职业间是存在差别的，如经济收入的多少、劳动条件的好坏、地理位置的优劣、知识构成的繁简、操作技能的难易等。这些差别反映在人们的头脑中，必然会形成他们对职业优劣的认识和评价，并由此产生相应的情感。但各行各业都是社会物质生产或精神生产总体系的一部分，不能仅仅考虑主观的个体需要，还要考虑客观的社会需要，这就是职业观或择业观。一个人如果没有树立正确的职业观和择业观，其他方面的素质再好，也很难正确对待职业选择问题。由于社会生产力发展水平的限制，社会不可能满足每个人的择业愿望。同时个人对职业的认识水平受到历史、社会条件的局限，所以个人对职业的选择和职业对个人的需要之间形成的反差，会在今后相当长的一段时间内存在，而大力发展教育有助于这一问题的解决。教育担负着为各行各业培养熟练劳动者和各种技术人才的任务，其中的主要职责之一是帮助学生了解职业和认识自己，使他们热爱所学专业，乐意从事未来的职业，自觉根据社会的需要和自己的特点确定未来的生活道路。这样有助于个人职业选择性就业问题的解决。

（三）通过教育缓和个人职业选择性就业问题

教育的发展可以提高全社会的劳动生产率，劳动生产率的提高，又可以促进工作条件的改善，使劳动者有更多的业余时间做符合自己兴趣爱好的事，减少人们对职业的苛求，从而在一定程度上缓和个人职业选择性就业问题。

总之，劳动力就业问题的出现，是社会扩大生产和市场经济条件下不可避免的社会现象。这个问题的解决，在很大程度上取决于劳动力素质的提高、结构的改善和正确职业观的树立。当然，劳动就业问题涉及社会的各个方面，远非单靠教育所能解决。但教育在提高劳动者的素质、改变劳动力的结构和帮助人们树立正确的择业观等方面所起的作用，是其他因素无可替代的。因此，坚持教育为本的方针，大力发展教育，不断优化教育结构，培养经济社会发展需要的劳动力，是解决我国劳动力就业问题的重要措施之一。

第三节 教育与就业关系的不确定性及规避方法

一、教育与就业关系不确定性的含义

这里所说的不确定性是指未来结果的不确定性和波动性。教育与就业关系的不确定性是指教育与就业的关系具有多种状态，是人们接受的教育对其将来就业收益影响的不明确的性质或状态，包括教育对人们就业收益的影响中存在的没有预测到的变化，以及这种意外变化带来的收益或损失。

教育与就业关系的不确定性在时间上是指向未知和未来的。现在和过去的教育与就业之间存在什么样的关系，我们可以通过不断的学习来获得确定性的认识，但教育与就业关系的未知性则不可消除。同时，研究教育与就业关系的不确定性既可以考察教育对人们终生就业收益的影响，也可以考察教育对人们一段时间内谋求工作岗位及其收益的影响。教育与就业关系的不确定性在外延上有以下两种情况。

（一）教育对人们就业行业的选择产生的影响不可知

例如，我们选择接受某种教育，期望毕业后在特定行业的劳动力市场找到满意的就业岗位，但该行业的技术改造或兴衰、突然的经济危机、天灾人祸等都可能造成对劳动力市场的冲击，导致预期目标不能实现，而这种结果事先并没有证据可以支持。又如，假如我们有足够的证据证明我国劳动力市场将对 IT 人才有较大的需求，于是选择接受 IT 教育，但我们不知道有多少人有这样的打算，因此当进入 IT 行业的劳动力市场时，我们无法知道可能遭遇多少竞争对手。当然如果我们知道劳动力市场大致需要多少 IT 专业人才，也知道会有多少人将进入该劳动力市场，那么我们在教育过程中就可以有所准备。如改变选择，或加倍努力，发展各方面素质，提高专业技术能力，增强自己在劳动力市场的竞争能力等。

（二）教育对人们就业产生的影响不可知

一般来讲，接受教育可以增加人们的就业机会，但人们并不知道这种影响发生的时间和概率。也就是说，教育对人们就业素质的提高、就业能力的发展有积极的影响，这本身是确定的，只是这种影响由潜在的可能性转变为现实的可能性时，还需要具备其他条件，如现实中某种职业岗位的空缺等。如果这种积极影响发生的条件不充分，那么教育与就业之间就不可能出现确定性的因果关系，教育对人们就业的积极影响就会表现出不确定性。以时间为例，已有研究成果显示，"受过教育的职工一生的总收入明显高于只受过少量教育或未受过教育的职工"。但这种研究的重点是人们一生的劳动就业总收益，而不是某一时间阶段的收入差别。这意味着两点：一是尽管从人们的终生收入角度，我们可以把握教育对人们就业收益的影响，但这种影响发生的时间是不能确定的；二是用人们一生的总收入来衡量教育对就业收益的影响，只能是一种极其粗略的估计，因为它"没有考虑决定收入的其他因素"，如经济社会发展、家庭及自身能力等因素对劳动者就业收益的影响。科恩在考察教育与收入的关系时也认为，"事情的真相是没有一个人确切地知道在可观察的教育与收入的关系中，有多大份额严格地说归因于教育"。即使就概率而言，如前所述，只要存在人们接受教育后，其就业收益并没有因此增长，那么教育对人们就业的积极影响就是一个概率事件，存在不确定性。同时，这种概率也不是不变的，而是不断变化的，发生在某个具体的人身上更不可能是确定的。

对于已经形成的教育与就业的关系，可以观察，也可以根据经验加以说明，甚至可以借助数学形式等工具精确地描述，得出某种确定性的结论。在时间上，教育与就业关系的确定性是指向历史的，而教育与就业关系的不确定性是指向未来的。就特定的个体而言，教育与就业的关系一旦发生，便呈现出确定性的状态。人们可以借助已经发生的教育与就业关系的确定性，来估计将来可能发生的教育与就业关系的不确定性的程度和范围。

教育与就业关系的确定性既是一种社会现象，也是一种社会认识，它与自然现象和自然认识的显著区别是，现实社会生活当中，教育与就业的关系根本无法试验，具有不可重复性，这决定了教育与就业关系的确定性只是历史的确定性。"风险就潜伏在我们的前方而不是背后，扭头看身后面的东西并假设这样就能找到一切必须了解的东西是毫无意义的。"这就意味着根据已经发生的教育与就业关系的确定性来预测未来，并对此进行政策性的演绎，具有很大的不确定性。

二、教育与就业关系不确定性的形成

教育与就业关系由过去的相对确定性走向相对不确定性，是经济社会发展与教育发展等多种因素共同作用的必然结果，涉及社会的方方面面，既有个人家庭的就业期望问题，也有学校人才培养的问题，还有政府的就业政策问题以及社会用人单位的用人环境问题等。

（一）教育与就业关系不确定性形成的个人因素

个人在教育与就业关系当中，首先对教育与就业之间的关系有个预期，然后在这种预期的指引下选择接受一定的教育，最后是接受教育后到劳动力市场求职。因此，个人对某一职业和专业的选择，多少都反映了劳动力市场对人才规格和数量的供求变化。但个人反映的市场变化是眼前的，而劳动力市场得到的需求满足是一段时间以后的，二者之间有变化时间差。个人对劳动力市场的反映在很大程度上是一种期望，期望接受教育以后能找到工作，而劳动力市场则建立在客观的现实基础上。需要什么样的人才、需要多少人才，不以劳动者的预期和愿望而改变。此外，由于教育对个人来说还具有消费的价值，个人接受教育时往往带有个人价值观，不一定完全出于眼前接受教育与未来职业报酬之间关系的考虑。即使个人期望从教育中得到的收益是教育决策的关键因素，但任何人的预期收益都是不确定的，其未来收入也同样不可能被完全预测，许多劳动者对自己接受教育后的职业选择也同样是不确定的。而劳动力市场对人才的需求完全是一种经济价值观，服从于利益。因此，很多国家都存在毕业生失业率与不充分就业率居高不下的现象。

（二）教育与就业关系不确定性形成的学校因素

当个人的教育选择无法体现教育与就业之间的确定性关系时，传统理论寄希望于学校教育能根据劳动力市场的信息，通过自身的变革调整教育结构，使劳动力供给在结构上适应经济结构对劳动力的需求，从而使教育解决人们的就业问题，改善社会的就业状况。的确，在市场经济条件下，学校特别是各级各类职业和专业院校越来越多地根据劳动力市场的供求变化决定招生规模、专业设置、培养规格等，这使教育发展对社会劳动力需求的变化十分敏感，变通性很强。但也应当看到，劳动力市场供求变化的信号一般只能表明供求的大体趋势，却不能准确反映其数量界限。而且各个办学主体由于自身的局限，很难感知劳动力市场的需求，即使劳动力市场供求信号清晰，各办学主体间也无法平衡其教育规模与能力，更无力左右全局。再加上教育培养具有周期长、时间滞后等特点，教育发展与就业需求往往难以同步。因此，教育与就业并不总是一致的。例如，在劳动力市场中某一方面的人才供不应求的信号出现后，各个自主决策的办学主体纷纷扩大或新设该专业。经过一定年限的培养，即便就业需求没有变化，该专业人才也很有可能供大于求，若是需求减少，情况则更糟。

（三）教育与就业关系不确定性形成的部门企业因素

对于任何一个社会或组织来说，不同层次的工作、不同层次的岗位、不同复杂程度的劳动内容，对劳动有不同的需求，劳动报酬也不相同。在很多国家，尤其在发展中国家存在两种不同的经济结构，即传统部门和现代部门，接受过一定教育的知识劳动者往往嫌传统部门的报酬太低而不愿低就，纷纷涌入现代部门求职。但是，现代部门的就业岗位又有限，不可能过多吸收各级学校的毕业生。于是，随着教育的迅速发展，学校培养出来的知识劳动者的总量就越来越多，加上技术的不断更新，现代部门对求职者的文化和专业素质要求越来越高。现代部门面对众多的从各级各类学校毕业的求职者，要求自然水涨船高。也就是说，由于求职者供过于求，在这种情况下，现代部门就倾向于雇用受教育程度较高的人去做原来由受教育程度较低的人做的工作——这种情况称为教育深化或教育过度。而与教育过度相伴而生的是知识失业。由于受教育者的供过于求而现代部门又热衷于雇用受过较高教育的求职者，以至于在求职竞争中，受教育层次较低的求职者往往被拒之门外。尽管在一些国家中受教育者在总人口中占比较低，受过较高教育的人在总人口中所占的比例更低，在现实的经济生产中具有一定知识、技能和专长的劳动者也相对稀缺，但大量受教育者还是不免沦为失业者，出现知识失业的现象。

（四）教育与就业关系不确定性形成的政策因素

在现代国家，政府最重要的职能之一就是解决劳动就业问题。因此，政府发展教育的一个重要意图就是解决劳动就业问题。政府从整体利益出发，不愿意看到受过教育的人毕业后出现失业的现象，为了防止失业而不主张扩大教育规模。但为了协调经济社会的发展，防止劳动力市场上出现某种类型的劳动力短缺，政府又愿意扩大教育规模。例如，一些国家发生教育深化和知识失业后教育事业反而会出现不切合实际需要的扩张。这是因为在教育深化和知识失业的影响下，一些国家不得不扩大大学教育，也不得不扩大中小学教育。于是，就业状况每出现一次恶化，政府就把各级教育扩大一次。因此，一些国家出现了一种令人难以置信的情况：某一级教育作为一个终点变得对该级教育毕业生就业不利的时候，该级和上一级教育往往会得到快速的发展，政府扩大该级和上一级教育以缓解当前就业压力。其结果只能是很多毕业生或从事与其所学不符的职业，或充任职业要求很低的职位，造成社会和个人两方面的资源浪费。

三、教育与就业关系不确定性的规避方法

所谓规避，是指人们面对教育与就业关系的不确定性，采取种种措施对其加以防范和控制，趋利避害，尽力避免因教育与就业关系的不确定性遭受损失。教育与就业关系不确定性的形成涉及社会的方方面面，因而这一问题的解决，是一个系统工程，需要社会各方共同努力。

（一）学生及其家庭应树立正确的职业观和择业观

随着社会和教育的发展，劳动者一生将会主要在两种场所度过：一是学校场所；二是工作场所。因此，上什么学校、选择什么专业、毕业后选择什么工作，是关于职业观和择业观的问题。学生及其家庭能否树立正确的职业观和择业观，对个人能否顺利就业具有重要意义。比如，目前我国出现的高校毕业生"就业难"的问题，并不是单纯的"供过于求"，更多的是毕业生就业期望值过高，追求高薪和高待遇、岗位高层次和大城市，愿意去县以下的基层机构、中小企业、民营企业、艰苦行业、西部地区的毕业生较少。因此，如果就业的内涵只是大城市的"国家机关""科研院所""高薪企业"，只愿去当"白领阶层"，这种"学而优则仕""学而优则城"的观念将使大学毕业生滞留在城市，不仅会制约高等教育大众化的进程，还会影响毕业生自身价值的实现。所以，包括大学毕业生在内的所有劳动者如果就业观念陈旧，就业空间就会十分狭窄，就业问题的解决就会非常困难。毕业生转变观念，寻找广阔的就业空间，解决就业问题就会容易一些。

（二）学校应将毕业生就业率作为衡量办学水平的重要指标

学校应不断提高办学质量，努力培养社会急需的各种高水平建设人才。为此，在教育模式上，我们应真正把培养学生全面素质尤其是创造力放到重要位置上，学校要适应学生就业需求，形成有特色的培养方案，提供多样化的学制和培养方向，并根据劳动力市场的发展变化，不断更新教育内容和调整专业方向。在学科结构的设计上，学校应帮助学生建立合理的知识结构，培养复合型人才。为此，学校应进一步完善学分制，适当增加选修课，减少必修课。多培养一些双学位学生，还可以发展双专业学生。这些都有助于学生建立合理的知识结构，以适应当代科学技术高度分化、高度综合的要求。在专业设置上，学校应适当减少专业知识课程，扩大专业知识面，加大基础知识课程，努力把学生培养成既精通本专业业务，又具有广泛基础知识的人才，以适应技术革新和继续进修的需要。在课程设置上，学校既要增加学生择业教育的内容，更要加

强学生自主创业教育的内容，包括择业观的教育以及基本的金融、财会、管理、法律等方面的知识教育和技能培训，同时应遵循以教会学生学习为主的原则，以便他们将来走上工作岗位后，能通过自己的学习、探索，不断掌握新的科学知识，适应经济发展和劳动就业的需要。

（三）政府应积极营造健康的劳动就业政策环境

第一，在制度上，政府应创造条件允许学校实行弹性学习制度，允许学生中途就业，边工作边学习，分阶段完成学业；允许普通高校招收成人高校、社区学院、高等职业技术学院的低年级学生或以其他形式完成基础学业的学生；允许各类大中专毕业生暂缓就业，继续学习原专业以外的专业或接受职业技术培训。第二，在政策上，政府要营造鼓励毕业生自主创业的政策环境，为自主创业的毕业生提供小额贴息贷款，设立风险基金激励机制，同时要积极鼓励毕业生走向西部地区、艰苦行业、县级以下的基层机构和国有中小型企业，对这部分毕业生可实行经费补贴等措施。第三，在具体操作上，政府除了应对毕业生进行思想教育与就业指导外，还应在大中专毕业生就业矛盾比较突出的时候采取过渡性就业方法，即对一时未落实就业单位的学生，可由政府牵线搭桥，学生自我选择，通过签订短期或临时合同的方式，到一些行业先进、技术领先的大型企业或社会公益性机构从事临时工作。

（四）社会用人单位应提供良好的用人环境

教育培养的各种层次和类别的劳动力能否顺利就业，与社会用人单位的用人环境密切相关。这是因为教育尤其是各种层次与类别的专业教育、职业教育，是为整个社会经济活动直接服务的，其目的是为了给社会培养和输送不同层次和类型的劳动力，也就是舒尔茨所讲的："这种人力资本投资是为了迎合由于经济增长而造成的需求。"所以，教育所培养的各种层次和类别的劳动力主要是为社会用人单位服务的。用人单位能否提供良好的用人环境，对劳动就业问题的解决起着至关重要的作用。那么，用人单位怎样才能提供这种环境呢？首先，用人单位必须改革用人制度，合理使用人才。用人单位应根据市场需求、岗位需要与劳动者按照国家有关法律、法规，在平等自愿、协商一致的基础上签订聘用合同，确定单位和个人的人事关系，明确单位和个人的权利和义务，从而实现用人的公开、公平、公正，促进单位的自主用人，保障劳动者的自主择业，进而推动单位从人事管理向岗位管理转变，由单纯行政管理向法治管理转变，由行政依附关系向平等人事关系转变，由国家用人向单位用人转变，真正做到择优录用。其次，用人单位必须改革收入分配制度，做到人才"优质优价"。

知识经济时代，知识、智力是致富的源泉，用人单位要做到一流人才、一流岗位、一流业绩、一流报酬，从而使个人接受教育所付出的高成本在社会得到补偿，个人价值真正得以实现。用人单位要贯彻按劳分配和按生产要素分配相结合、效率优先、兼顾公平的分配原则，扩大各单位内部分配的自主权，逐步建立重贡献、重实绩、向优秀人才和关键岗位倾斜、形式多样、自主灵活的分配激励机制。用人单位要对有重大科技发明、贡献突出的人才实行重奖；对到艰苦边远地区或在特殊岗位工作的人才，在工资待遇上给予奖励，创造良好的制度环境。

总之，如果上述这些观念性、结构性、政策性、制度性问题得到较好解决，经济的发展就会带来劳动力需求的增长，形成经济和教育的良性互动关系，教育与就业关系的不确定性就能得到较好的规避。

第六章　教育投资与教育成本

第一节　教育投资

一、教育投资概述

（一）教育投资的含义

众所周知，教育是提高劳动者素质、发展科学技术和培养人才的重要途径，但是教育必须要依赖一定的人力与物力。教育需要教师对学生进行引导，需要教材作为知识的载体，需要学校作为传播的场所，这一切都需要教育投资才能实现。教育投资是发展教育事业的物质保证。马克思指出："要改变一般人的本性，使他获得一定的劳动技能和技巧，成为专门的劳动力，就要接受一定的教育或训练，而这就得花费或多或少的商品等价物。"

教育投资就是指一个国家根据教育事业发展的需要，投入教育领域的人力、物力和财力的总和。用教育经济学家的术语来说，就是购买教育的全部支出，通常是人力、物力的货币表现。

教育投资从投资对象来说，主要可分为用于各级各类学校教育的投资和用于成人教育的投资。其中，前者是主要部分，用于培养储备劳动力和专门人才。后者用于提高在职劳动者的知识水平和技能，包括在职教育、农民教育、函授大学以及各种形式的业余教育的投资。而从投资主体来说，教育投资可以分为个人教育投资、社会教育投资和公共教育投资。个人教育投资是指个人因为接受教育而自己支付的金钱和时间成本。社会教育投资指团体、企业对教育的捐助和企业为职工在职培训所支付的费用。公共教育投资是指国家宪法构成的各级政府部门的教育经费支出，主要包括中央和地方政府用于教育事业的支出，不包括私人和企业的教育投资以及由国外提供的教育贷款和援助。

（二）教育投资的特点

教育不同于物质生产，并非有着固定经济效益的产品，其经济效益也不能简单地通过利润来衡量，因此，教育投资有着自身的特点。

1. 教育投资具有连续性

教育作为培养人的事业，不是一蹴而就的，而是一种连续性的事业。教育投资的连续性是由教育过程的连续性决定的，无论是在教育的不同级别，还是在同一级别的不同阶段，教育都是一个连续不断的过程，教育程度每增加一年、一个阶段、一个级别都需要追加投资。在知识经济时代，教育投资更具有连续性。第一，知识经济时代对劳动者教育程度的要求越来越高，从而要求教育普及的程度越来越高。例如，许多发达国家已经开始普及高中教育。第二，在知识经济时代，知识和技术更新的周期大为缩短，人们只有持续不断地学习才能跟上知识更新的节奏。因此，教育也必须终身投资。第三，在知识经济时代，科技革命引起产业结构、技术的变革，劳动者的职位更替、转换将变得更为频繁。为了能适应不同的岗位要求，劳动者必须全面发展。这一切都使教育投资更加具有连续性。

2. 教育投资具有固定性

教育既是连续性事业，又是永久性事业。不管是学校的硬件建设，还是教师工资的发放，教育事业所需资金数额庞大，而成效与收益又具有延迟性。所以，各国的教育投资多数由国家和地方政府来承担。只有在国家总资源中给予教育投资固定立项，才能保证教育事业的顺利发展。物质生产部门的投资主体可以根据经济发展情况和趋势来增减投资，但是国家教育事业的发展必须保证固定的投资，以预算为准，受预算约束，不得随意变更。《国家中长期教育改革和发展规划纲要（2010—2020年）》指出，教育投入是支撑国家长远发展的基础性、战略性投资，各级政府要优化财政支出结构，统筹各项收入，把教育作为财政支出的重点领域予以优先保障。

3. 教育投资具有递增性

教育是单位成本不断递增的事业，随着学生受教育程度的提升，其所需要花费的教育成本也逐渐增加。原因有以下两点。第一，教育投资主要用于支付教师的工资、福利、学生的助学金和奖学金等。随着社会的发展，人们的物质生活水平不断提高，因此，教师的工资和待遇必须与整个社会的经济发展相一致，学生的助学金和奖学金也随着经济的发展而增长。第二，随着科学技术的进步，人们对于教育重要性的认识也越来越深刻，就学人数越来越多，教育的大众化和普及化必然要求教学环境和条件不断改善，仪器设备和校舍等也要不断更新，这些都需要更多的投入。物质产品的生产则不同，物质产品的生产发展了，劳动生产率提高了，其单位成本就会降低；而教育的单位成本是递增的，教育的这一特点决定了教育投资是递增的，教育投资费用应该逐年增长。

4. 教育投资具有延迟性

在物质生产部门中，由于劳动时间和建设周期各不相同，不同经济投资项目的经济效益周期长短不一。例如，纺织、食品等部门的建设周期和经济效益周期较短，能源、钢铁、交通、基础设施等建设周期、经济效益周期较长，而教育的建设周期更长。一般而言，把受教育者培养成社会所需要的专门人才，要经过较长时间的学校教育。如培养一个中等文化程度的劳动者需要 12 年左右，培养一个合格的大学生需要 16 年左右，而培养一个具有创新能力的硕士或博士则需要更长的教育年限。此外，教育投资的收益和物质生产部门投资的收益不同，它的经济补偿具有延迟性。教育投资的直接成果不是可以在市场上交换的物质产品，其利润不可以快速计量，而是劳动者智力和素质的提高，只有劳动者和生产资料结合之后才能生产物质产品。因此，教育投资的效益具有延迟性。

（三）教育投资的性质

所谓教育投资的性质就是指对于教育价值的定性分析，是对将教育投资划归为促进经济增长的生产性投资还是促进人们享受的消费性开支的分析。对于教育投资的性质，人们的认识经历了一个不断深化的过程。当前，关于教育投资的性质，学术界主要有三种观点。

第一种观点认为，教育投资是一种消费性开支。因为教育费用是由国民收入再分配中的消费基金支付的，它没有投入物质部门，也得不到经济补偿。教育投资一时看不到效益，只有投入，没有实质性的物质利益可言。

第二种观点认为，教育投资是一种生产性投资。西方国家比较流行这种观点，因为教育能够提高劳动者的劳动能力，而教育投资又是维持教育持续进行的物质基础，所以教育投资可以看成是劳动力再生产费用的一部分，这种费用不管是对受教育者个人还是对整个社会来说，都可获得相应的回报。物质生产部门也可以从中获利，比如，提高管理水平、提高生产水平和提高劳动生产率等。间接地讲，教育投资可以从物质生产部门提高的劳动生产率中获得经济补偿。

所以，教育投资是纯粹的投资行为，只不过其投资回报周期比较长，且回报有时是间接性的和隐性的。

第三种观点认为，教育投资既有生产性投资的属性，又有消费性投资的属性，两者兼而有之。持这种观点的研究者主要认为应该现实地看待教育投资，应该看到教育投资所带来的效益。例如，教育能够提高劳动力质量，形成现实的、直接的社会生产力。同时我们也不能否认教育投资的消费性质。具体说来，普通教育既能满足人们享受生活的欲望，又能增加个人未来的收入和国民财富，因而具有生活和消费的双重属性。职业、专业教育及大多数高等教育基本上属于生产性投资。此外，家政、艺术、老年教育等与提高生产力没有直接关系，主要是为了丰富人们的精神生活，属于消费性投资。

虽然第三种观点没有提出新颖的论点，但是更接近教育的本质，特别是 20 世纪 80 年代以后，教育的功能越来越具有多样性，对教育投资性质的认识不再非此即彼。因此，对于教育投资既属于消费性投资又属于生产性投资的观点更能准确描述我国现阶段教育投资的实际情况。

二、教育投资的来源与指标

（一）教育投资的来源

教育是一项花费经费的事业，若无强大的投资来源，教育就会成为无本之木。各国教育投资的来源，随各国的政治制度、经济制度和教育制度的不同而异。但从整体上看，各国教育投资的来源主要包括：国家（包括中央政府和地方政府）；社会部门和团体、组织以及私人的资助或直接投资；受教育者交纳的学费；通过其他形式筹集的教育资金；与教学活动有关的销售和服务收入；学校附属企业及其他经营活动的收入。当前，由于财政资金短缺的压力日益明显，因而许多国家的教育经费在政府预算和 GNP 中所占的比例开始下降，教育正面临着严重的经费危机。

笔者从教育投资主体的角度来阐述教育投资的主要来源。

1. 各级各类政府

教育作为一种培养人的社会实践活动，无论是在社会主义国家还是在资本主义国家，通过教育所带来的国民素质的提高、大批高水平劳动者的供给、科学技术的创新等都是促进经济增长的重要因素，由此可见，国家是教育投资的最大受益者。国家因为教育而受益，所以政府有义务承担教育投资。政府承担教育投资的主要形式有：财政拨款、用于教育的税款、教育机构税收的减免、对教育的专项补助、对学生的补助、科研拨款等。

从1985年开始，随着经济的发展和政策的改变，我国高等教育管理模式由中央统一管理逐步向中央政府和省级地方政府统一管理转变，建立以省级政府为主导的管理模式，原中央属、部属院校大部分都划归为地方省级政府管理，只有一少部分未改变。这一政策加大了地方财政的负担，由于各省经济发展的不平衡性，地方政府对高等教育的投资出现了巨大差异。

2. 企业

企业也是分担教育投资的重要主体。在现代社会，企业的发展离不开人力投资所形成的人力资本以及由此所产生的巨大经济效益。而这种人力资本主要表现在通过教育和培训使劳动者素质和技能得以提升，以维持和推动企业的正常发展。大量高素质劳动者的存在可以使企业获得丰厚的利润和社会竞争能力，企业可从中获益。从能力原则来衡量，企业税后的收入也是国民收入的重要组成部分。这说明企业也有能力分担教育投资。

企业对教育的投资，主要包括企业对在职员工的培训、企业为教育机构支付的研究费用、企业对学校的教育投资以及委托培养费用等。

3. 个人

个人也是教育投资分担的另一重要主体。受教育者个人或家庭之所以要分担教育投资，主要是因为受教育者个人通过教育能够获得知识和技能上的提升，从而获得良好的就业机会，取得较高的预期收益。同时，个人通过劳动获取相应的报酬也是国民收入的重要组成部分，这使个人或受教育者家庭有能力分担教育投资。受教育者个人及家庭对教育的投资主要表现为支付相应的学杂费等。

总之，当今世界各国的教育投资，尤其是非义务教育阶段的投资，其来源和主体呈现多元化的趋势，政府、企业、个人及家庭是教育投资的基本来源和主体。

（二）教育投资的指标

反映教育投资数量的基本指标包括教育投资的绝对量和相对量。在研究和分析教育投资的数量问题时，这些指标分别从不同的角度和层面反映了教育投资的数量及变动趋势。

1. 绝对量指标

绝对量指标主要反映了教育投资的多少，从纵向和横向比较中表明教育投资总量的状况，但不能表明教育发展水平的资源投入与社会经济发展水平是否协调。

（1）教育投资总量

教育投资总量是指国家、政府各部门、经济单位、社会团体及个人投入教育的以货币表示的人力、物力和财力的总和。

（2）国家教育投资总量

国家教育投资总量指国家宪法构成的各级政府财政用于教育事业的支出，国际上一般称为"公共教育经费支出"。它包括公共教育经常费（指用于学校的日常管理、教职工薪水、图书、教学用具、奖学金、福利制度、房屋维修的经常支出）和公共教育基本建设投资（指用于购买房地产、教学设备、建筑校舍及贷款业务的资本支出）两部分。

（3）人均教育投资量

人均教育投资量是指全国（或地区）人口平均的教育投资数量，这是衡量国家（或地区）人口平均教育资源投入量的指标。

（4）生均教育投资量

生均教育投资量是指国家（或地区）各级各类在校生人数平均的教育投资数，这是衡量在校生教育投资量大小的指标。

2. 相对量指标

（1）国民生产总值和国内生产总值

国民生产总值是指一个国家的居民在一年内所生产的所有最终产品和劳务的货币价值总和（GNP）。国内生产总值是指一个国家的国土上一年内生产的所有最终产品和劳务的货币价值总和（GDP）。

（2）财政支出

财政支出是指国家通过财政手段对筹集的资金（主要为税收）所进行的分配和使用。我国财政支出包括经济建设支出，社会文化、教育卫生科技支出，国防支出，行政管理支出，国家战略储备，对外援助、偿还债务等。

三、教育投资分配

（一）教育投资分配概述

1. 教育投资分配的含义

教育投资分配指的是教育投资在教育部门内部各级各类学校之间的分配以

及学校内部使用上的分配。它主要包括：教育投资在各级学校之间的分配，如在初等教育、中等教育和高等教育之间的分配；教育投资在各类学校之间的分配，如在中等教育内部的普通高中和中等专业、技术学校之间的分配，在文、理、工、农、医、师范等不同类型的高校之间的分配；教育投资在学校内部使用上的分配，如教育投资在教育事业费和教育基本建设投资之间的分配，教育事业费在人员经费与公用经费之间的分配等。

2.教育投资分配的特点

由于世界各国的经济发展水平和国民经济结构不同，教育发展水平和教育结构也不同，各国的教育分配比例存在差异。但是，从世界各国教育投资分配的历史和现状来看，呈现以下三个特点。

（1）教育投资重点的转移与经济发展水平相关

由于各级各类教育的作用不同，它们在教育投资中所占的比例也不同。初等教育是国家学制中第一个阶段的教育，能够帮助受教育者打下文化知识基础，因此，初等教育应该首先普及，各国教育投资的首要任务是普及初等教育。当初等教育普及之后，随着经济发展水平的提高，教育投资的重点将向中等教育和高等教育转移。

（2）国家的经济发展水平越高，各级教育生均费用之间的差距越小

国家的经济发展水平越高，政府对教育投资的力度就越大，教育的发展水平就越高。在发达国家，义务教育是免费的而且已经普及，有的国家甚至为学生提供免费午餐，所以发达国家对于基础教育的投资费用与经济水平落后的国家相比要多。在高等教育部门，学生要承担一部分学费，分担政府的财政支出。由此可见，在经济发展水平较高的国家，各级各类教育能得到同等重视，在教育投资中占的比例也相对均衡，生均费用之间的差距也比较小。

（3）职业技术教育投资比例逐渐加大

职业技术教育作为教育的一种类型，与经济社会联系最为紧密，承担着为社会培养高素质劳动者和技能型、应用型人才的重任。《国家中长期教育改革和发展规划纲要（2010—2020年）》指出，发展职业教育是推动经济发展、促进就业、改善民生、解决"三农"问题的重要途径，是缓解劳动力供求矛盾的关键环节，必须摆在更加突出的位置。因此，为了迎接新的技术革命的挑战，各国都加大了对职业教育的投入，职业教育在教育投资中所占的比例不断提高。

3.教育投资分配的原则

教育投资分配是将有限的教育经费合理分配给不同地区、不同类型和不同

级别的教育机构的过程。分配的合理与否直接关系教育的公平问题，因此教育分配应该遵循以下原则。

（1）公平原则

公平是人类社会永恒的追求，教育公平是社会公平的重要内容，社会公平实际上是资源、收入和财富的合理分配。教育投资作为一种经济行为，也必须遵循公平的基本原则，既要保证在各级各类教育之间的均衡，也要保证在不同地区之间的均衡。但是，强调公平不代表平均，教育投资应该考虑不同类型教育的发展状况，考虑不同地区的经济状况，合理分配教育经费。

（2）效率原则

教育投资既然是一种经济行为，其目的就是以较小的投入获得较大的产出。在我国教育经费短缺的情况下，教育投资必须遵循效率原则，避免不必要的浪费。

（3）民主原则

教育投资的分配是涉及多方面利益主体的活动，坚持民主原则有利于建立公平的分配制度。一方面，教育分配要倾听不同的教育投资主体的意见；另一方面，教育投资分配也要咨询和尊重各级各类教育对于经费的需求情况，确立科学合理的分配比例和结构，建立公正透明的分配程序和监督体系，保证教育投资分配的健康运行。

（4）补偿原则

众所周知，绝对的公平在现实社会中是不存在的。由于受多种因素的影响，教育投资的分配会在不同的区域之间和教育结构之间出现不均衡的现象，这就需要我们利用补偿手段对经济状况较差的学校和个人给予必要的财政帮助。

（二）教育投资分配的结构

1.教育投资分配结构的含义

教育投资分配结构主要指教育经费在初等、中等、高等三级教育中的分配关系及其在教育总经费中所占的比重。教育投资在三级教育内的合理分配是构建合理教育结构和使教育协调发展的重要保证。

2.衡量教育投资分配结构的指标

评价和判断教育投资在三级教育中的分配是否合理，通常有三种指标，即总量指标、生均教育经费比值指标和生均教育经费指数。

（1）总量指标

总量指标即各级教育经费在教育总经费中的份额，计算公式为：总量指标＝（某级教育经费／全部教育经费）×100%。

由于公共教育支出费用是教育投资的主要部分，而且有官方的统计数据，所以为了使计算方便和准确，我们可以通过计算公共经费支出来分析和比较，即：总量指标＝（某级公共教育经费支出／公共教育经费支出）×100%。

总量指标是各国政府和国际组织通常使用的指标，从宏观角度呈现了政府教育投资在三级教育中的分配结构。但是，它不能体现三级教育各自的教育投资规模情况。

（2）生均教育经费比值指标

生均教育经费比值指标即三级教育生均教育经费的比值。具体计算方法为：以小学生生均教育经费为1，计算中学生和大学生生均教育经费为小学生的倍数。这里生均教育经费也可以用生均教育事业费或生均公用经费代替来分析比较。

生均教育经费比值指标以生均教育教育经费为基础，体现的是三级教育的生均教育绝对量的关系，但这一指标未能体现生均教育经费随教育级别的提高而增加的现实。

（3）生均教育经费指数

生均教育经费指数即三级教育生均教育经费与人均国民生产总值的比值，计算公式为：生均教育经费指数＝（某级生均教育经费／人均国民生产总值）×100%。

生均教育经费也可以用生均教育事业费代替。生均教育经费指数以生均教育育经费为基础，体现的是三级教育的生均教育相对量的关系。

在实际分析和比较中，我们可以根据情况选择上述三种指标中的任何一种加以分析，同时我们也可以将三种指标综合利用，相互弥补不足。

3. 影响教育投资分配结构的因素

（1）教育结构

这里所说的教育结构主要指初、中、高三级教育结构，它是决定和影响教育投资分配的基本因素。一般说来，衡量三级教育结构的指标有两种，即三级教育在校生人数的总量和三级教育入学率的比较。一般而言，教育投资分配的基本依据是不同级别教育的在校学生数量，根据学生数量和师生比，从而计算所需教职工数量、硬件设备需求量以及其他物质消耗的费用等。如果某一级别在校学生在三级教育中所占份额最大，那么其在三级教育经费中所占的比例就相对较高，反之则较低。

（2）生均教育经费

教育结构从需求方面决定和影响教育投资的分配，而生均教育经费则是从供给方面决定和影响教育投资的分配。显而易见，在不同级别的教育中，生均教育经费是不一样的，其随着教育级别的升高而逐渐增加。例如，培养一个大学生、研究生的费用要远远超过培养一个中、小学生的费用，因为培养大学生、研究生所需要的实验设备、教师的质量等都要高于培养中、小学生。

事实上，无论是教育结构因素还是生均教育经费因素，最终都受社会经济发展水平和教育发展规律影响，社会经济发展水平的变化会引起教育结构和生均教育经费的变化，进而引起教育投资分配结构的变化。

（三）我国教育投资分配的现状

改革开放以后，国家、社会和个人都认识到了教育对于提高国民素质、促进人的全面发展的重要性，因此，我国的教育投资总量呈现明显增长的态势。教育投资在三级教育和地区的分配也趋于合理，这是值得我们欣喜的一面。但是，我国在实际的教育投资分配过程中依旧存在很多问题，主要表现为以下几方面。

1. 重普通教育，轻职业教育

在我国，由于传统的"劳心者治人，劳力者治于人"的传统观念，人们对职业教育存在误解和轻视。当前职业教育仍然是我国教育事业的薄弱环节，中等和高等职业教育在专业、课程、教材体系、教学与考试评价等方面仍然存在脱节、断层或重复现象，职业教育整体吸引力不强，与加强技能型人才培养的要求尚有较大差距。

中等职业教育是高中阶段教育的重要组成部分，重点培养技能型人才，发挥基础性作用；高等职业教育是高等教育的重要组成部分，重点培养高端技能型人才，发挥引领作用。我们应完善高端技能型人才培养制度，积极探索高端技能型人才专业硕士培养制度。

2. 重高等教育，轻基础教育

现阶段，我国教育投资在三级教育领域分配中出现结构性失衡，国家和各级地方政府将主要精力和财力投入高等教育中，而忽视对基础教育的必要投入。

与世界上其他国家的"金字塔"形结构相比，我国教育投资结构恰恰相反，呈现的是"倒三角"结构。国家财政性经费对于初等教育的投入远远少于对高等教育的投入，国家将有限的教育经费投入高等教育特别是重点大学，教育发展的重心在高等教育。

3. 重重点学校建设，轻普通学校建设

改革开放以来，以经济建设为目标，各项政策的制定和执行体现出"效益优先"的原则。表现在教育上也是如此，过分强调升学率和办学效益。国家在学校布点和设置上划分重点和非重点学校，在同一所学校中又有重点班与非重点班。也就是说，国家将一个地区的优秀教师、优秀学生和充足的教育资源投向重点学校和重点班级，表现在教育经费投入上也是如此，国家将有限的教育经费过多地投向条件好的学校，而对普通学校的关注则较少。经济上的大量投入使重点学校、示范性学校在师资队伍、设备条件、物质环境等方面明显优于普通学校，其结果必然导致教育发展不均衡以及教育不公平问题，造成教育两极分化。

我国从 1995 年开始正式启动"211 工程"，即面向 21 世纪，分期分批重点建设 100 所左右的高等学校和一批重点学科。"211 工程"的"九五"和"十五"两期建设已经圆满完成，期间重点学科建设项目共有 1 379 项，总建设资金完成数高达 368.26 亿元，其中中央专项 78.42 亿元、教育部等中央部委投入 60.49 亿元、地方政府投入 85 亿元、高校自筹 144.35 亿元。此外，1998 年正式启动的"985 工程"的建设资金来自教育部、财政部中央专项资金、地方政府和其他部委共建资金及高校自筹资金。国家在 1999—2001 年对清华大学、北京大学各投入 18 亿元进行重点建设。由国家和地方政府各出资 6 亿元，分别对南京大学、复旦大学、上海交通大学投入重点建设资金。国家对于浙江大学、西安交通大学、中国科技大学、哈尔滨工业大学也都采取两方或三方共建的形式投入重点建设资金。

总而言之，教育投资具有连续性、固定性、递增性、延迟性等特性。教育能够改善劳动力质量，形成现实的、直接的社会生产力，同时也不能否认教育投资的消费性质。所以教育投资既是生产性投资，又是消费性投资，两者兼而有之。各国教育投资的来源，因各国的政治制度、经济制度和教育制度的不同而异。反映教育投资数量的基本指标包括教育投资的绝对量指标和相对量指标。教育投资分配是将有限的教育经费合理分配给不同地区、不同类型和不同级别的教育机构的过程，应该遵循公平、效率、民主和补偿原则。教育投资应该改变不均衡的现状，提升教育投资的效率，促进教育公平和社会稳定。

第二节　教育成本

一、教育成本的含义

教育成本是政府部门、学校管理者、家长及学生普遍关心的重要议题。一方面，它是政府制定学费标准、对学校进行拨款的重要依据；另一方面，它也是人们进行教育投资决策的重要依据。此外，教育成本更是提高教育资源利用效率、强化学校管理的有效工具。

成本属于经济学和会计学研究的范畴，简单来讲，是指生产某一种产品所需要的全部费用。经济生产总会对劳动的消耗和成果进行比较，努力以尽可能少的成本创造尽可能多的价值，为企业获取更多的经济效益。

教育成本是从经济学中移植过来的派生概念，出现于20世纪50年代末—20世纪60年代初。随着经济学理论的发展，现代经济学中成本的含义也有所改变。传统观念认为，学校是以培养人才为目的的非营利性机构，教育不存在成本，学校无须进行成本计量。20世纪60年代人力资本理论形成之后，人们逐渐将教育视为投资，于是教育经济学者尝试将经济学中的成本范畴应用到教育学领域，并研究教育投资的经济效益。最早提出教育成本概念的是英国经济学家纽泽。1958年纽泽出版了《教育成本》一书，尽管他没有给出教育成本的确切定义，但是从书中的表达可以看出，他将教育经费视为教育成本。1963年舒尔茨在《教育的经济价值》一书中，将教育的全部要素成本分为两个部分：一是提供教育服务的成本；二是学生上学时间的机会成本。舒尔茨明确区分了教育成本与教育经费的概念。此外，科恩认为，教育成本可分为两大类：教育直接成本和教育间接成本。直接成本主要是学校提供教育服务的成本，也有一部分是学生因上学而发生的支出，如食宿费、服装费、往返于家庭与学校之间的交通费，以及书本费、购买运动器械等学校用品的费用；间接成本主要包含学生上学放弃的收入，学校享受的税款减免，用于教育的建筑物、土地等资产损失的收入等。同时，我国学者王善迈认为，教育成本是用于培养学生所耗费的教育资源的价值，或者说是以货币形态表现的由社会和受教育者个人、家庭为培养学生直接或间接付出的全部费用。

教育经费与教育成本密切相关，但是有所区别。首先，教育经费中有一些项目不属于教育成本，比如，离退休职工的工资、福利与教育教学活动支出等。

其次，教育经费中缺少一些教育成本项目。例如，个人自行支出的书本费、文具费、伙食费、交通费、私人辅导费都没有体现在教育经费中。最后，教育经费中有一些项目不完全属于教育成本，主要体现在高等教育阶段。高校的教学经费应该全部计入教育成本固定资产折旧费，与行政管理费用类似。

综上所述，教育成本是为使受教育者接受教育服务而耗费的资源的价值，既可以表现为教育资源的购买价格，也可以表现为因资源用于教育而造成的价值损失。前者称为实支成本或货币成本，后者称为机会成本或间接成本。

二、研究教育成本的意义

教育部门从整体上看，不同于物质生产部门，教育的产品是具有个性的学生。而教育部门与物质生产部门有相似之处，都需要前期的资金投入，都需要花费一定的成本。因此，教育成本的计算和研究同样可以借鉴物质生产成本核算的规律和原则。运用教育成本理论，考察教育投资的经济效益，具有重要的理论意义和现实意义。

第一，研究教育成本有助于确定和计算教育培养不同层次的劳动力和专门人才的消耗标准。由于各级各类教育的人才培养规格不同、师资水平不同、办学条件不同，所消耗的教育资源也不尽相同。如何确定和计算不同阶段教育的消耗标准呢？只有靠教育成本核算才能完成。所以，教育成本对核算各级各类教育人才培养所需要的具体成本数量指标有重要意义。

第二，研究教育成本有助于政府确定学费标准和拨款标准。在经济学中，商品的成本是决定其价格的重要依据之一。一般商品的价格是成本和利润的总和，即"价格＝成本＋利润"。从经济学的角度来看，教育产品也是一种商品，但它是一种特殊商品，不以营利为目的，其利润应该为零，即"价格＝成本"。虽然在义务教育阶段，个人及家庭无须支付教育成本，但是在高等教育阶段，根据1998年颁布的《中华人民共和国高等教育法》的规定，国务院教育行政部门会同国务院其他有关部门根据在校学生人均教育成本，制定高等学校年经费开支标准和经费筹措的基本原则。因此，学费标准、政府对高等学校的拨款标准都要参照生均成本来确定。研究教育成本，进行教育成本核算，有助于政府及教育主管部门准确确定学费标准和拨款标准。

第三，研究教育成本有助于加强学校内部管理，提高经济效益与投资效率。教育经济效益是指教育的间接产出，即教育给受教育者个人和社会带来的经济收益。教育投资效率是教育产出与教育投入的关系。总体来说二者是教育收益与教育成本的关系。所以我们要计算和提高教育投资效率和经济效益，就必须首先研究和核算教育成本。

第四，研究教育成本有助于计量和测算未来劳动者的工资水平。在市场经济条件下，教育成本是确定未来劳动力进入劳动力市场时的价值的重要依据。影响劳动者报酬的因素有很多，其中主要因素是劳动者的技能和素质，其主要表现为劳动者的劳动熟练程度、培养费、学习费。如果劳动者在工作之前经过较多的培训、花费较多的教育费用，那么他的劳动熟练程度就相对较高，因此劳动者报酬应该相对较高。所以，利用教育成本可以测算未来劳动力应该得到的报酬，即工资。

三、教育成本的分类

从对教育成本含义的阐释中可以看出，教育成本的涵盖范围非常广泛。因此，为了准确计算教育成本，对教育成本进行恰当的分类是非常必要的。依据教育成本支出的主体、目的、性质和计算单位的不同，我们可以将其分为若干类别。

（一）教育的直接成本与间接成本

教育直接成本是指社会和个人为教育而直接支付的费用的总和。它分为教育社会直接成本和教育个人直接成本。教育社会直接成本是指政府直接拨出的教育经费，包括用于教育设施建设与购置的费用、教师的工资、图书资料及社会的资助、捐赠等费用；教育个人直接成本是指受教育者个人负担的学习费用，具体包括学杂费、书籍文具费、交通费及其他一些费用，但不应包括全部的住宿和伙食等费用，因为即使受教育者本人不上学或不在学校登记注册也会花费这些费用。

教育的间接成本是指社会与受教育者个人间接支付的教育费用。它可分为教育社会间接成本和教育个人间接成本。教育社会间接成本具体指教育所使用的土地、建筑物、设备等如不用于教育而用于其他方面可能获得的利息、租金、收入等，还包括达到法定劳动年龄的学生如不上学而就业为国家带来的价值或收入。教育个人间接成本指达到法定劳动年龄的学生因上学而未就业可能放弃的收入。

（二）教育的社会成本与个人成本

教育的社会成本，又称"教育公共成本"，指国家和社会为培养每名学生支付的全部费用，包括社会直接成本和社会间接成本。社会直接成本主要包括各级政府为教育支付的全部费用，企事业单位、慈善机构以及其他社会集团或个人捐赠的教育费用。社会间接成本主要包括达到法定劳动年龄的学生如不上学而就业时国家可能获得的税收；教育所使用的土地、建筑物、设备如不用于教育而用于其他方面可能获得的利息、租金、收入；用于教育的土地、建筑物、设备免除或可能征收的税收。

教育的个人成本，又称"教育私人成本"，指为培养学生由学生本人、家庭、亲友支付的全部费用，包括个人直接成本和个人间接成本。个人直接成本主要指由学生本人、家庭、亲友为学生受教育直接支付的学费、书籍文具费、文体费、交通费、住宿费、生活费等；个人间接成本指达到法定劳动年龄的学生因上学而未就业可能放弃的收入，即机会成本。

（三）教育的社会平均成本与个别成本

教育的社会平均成本指在同一时期，一国或一地区培养每名同级同质学生的社会平均费用，如一国或一地区培养每名同专业同质大学生的社会平均费用、培养每名中学生或小学生的社会平均费用等。由于教育总投入量不同、教育管理水平不同，不同学校培养每名同类同级同质学生的费用，即教育个别成本是不相同的。因此，教育个别成本低于或高于教育社会平均成本，表明了教育投资使用效率的高低。

教育的个别成本是指某一学校培养每名学生的平均费用。社会上存在大量不同的学校，由于它们的教育总投入量、教育管理水平不尽相同，所以培养每名同类同质学生的平均费用也不相同。它们培养每名同类同质学生的平均费用可能等于、高于或低于社会费用，由此可以看出不同学校教育投资使用效率的高低。

（四）生均教育成本与边际教育成本

生均教育成本是指平均每名学生所分担的教育费用，是教育成本的综合指标之一。广义的生均教育成本是指在同等教育条件下，为实现相同的教育目标，培养一个学生所需的社会平均教育费用，即教育社会平均成本。狭义的生均教育成本可以用同级同类教育的每一所学校或教育实体每名学生的平均教育费用表示，即教育个别成本取决于教育投资总量、在校生人数、学制年限以及教育管理水平，最终取决于社会经济与科学技术发展水平。一般而言，生均教育成本是呈上升趋势的。

边际教育成本亦称教育增量成本，是根据增加一个学生导致总成本的增加量来估算的，是指由学生增量导致的成本增量。生均教育成本和边际教育成本的研究有助于提高教育投资的经济效率和经济效益。这一理论在经济利益范畴内，可以帮助人们做出教育投资决策。当教育投资资金充足时，我们应该使教育投资的边际成本等于边际效益；当教育投资资金不足时，我们应该要求各级各类教育投资收益率相等。如果各级各类教育投资收益率不等，我们应对各级各类教育投资做出选择，以求教育投资收益最大化。

生均教育成本和边际教育成本的关系在不同的学校是不同的，区别的程度取决于成本与学校规模之间的关系。当在校学生数量增加时，总成本必然增长，但是生均成本和边际成本依学生数的变化可能增加、可能减少，也可能保持不变。生均教育成本和边际教育成本在不同情况下之所以不同，是因为学校的某些成本是固定的，而另一些成本则随学校规模的变化而变化。生均成本和边际成本的变化方式取决于固定成本与可变成本之间的比例、所有的资源是否得到充分利用、是否有多余的能力（即不增加固定成本的情况下仍可以增加的学生的数量）。学生增加时所引起的成本增加，取决于所增加的学生数量。增加一名学生也许测量不出成本增量，但如果增加 50 或 100 个学生，其成本增量则是完全可以测量的。

根据上海市一所学校的调查，64.9% 的学生接受过语文、数学、外语等学科的家教辅导。事实上，私人辅导现象在国外也很普遍。这种私人辅导不是帮助那些学习有困难的学生弄懂他们在课堂上未能理解的内容，而是正常课堂教学活动的一种延续。

（五）教育的固定成本与变动成本

教育的固定成本与变动成本是两个相对的概念。固定成本的特点是在一定时间内和学生数量范围内，其费用总额不随学生数量的增减而变化，基本保持稳定。例如，学校的校舍、教学仪器设备、图书资料等固定资产及其按照规定计算的折旧费和修理费。学校许多项目费用的发生总额是相对固定不变的，这些费用就属于教育的固定成本。但是教育固定成本只是相对稳定不变，当培养的学生人数超过一定数量时需要增加教育固定资产，如扩建校舍、增添设备或对原有固定资产进行更新改造，这时成本会相应地增加。教育固定成本是指固定的总费用。每个学生的平均固定费用随着培养的学生数量的变动而变动，即平均固定成本随学生数量的增加而降低，随学生数量减少而提高。

教育变动成本与教育固定成本相对应。与教育固定成本不同，在一定时间范围内，其费用随学生数量增减而变化，而每位学生分摊的费用却相对固定不变。这部分费用包括：管理人员和纳入正式编制的教师的奖金、工作量报酬以及不纳入正式编制的代课教师、兼职教师的工资；学生助学金与奖学金、在职学习的学生的工资、职工福利费；用于教学科研、生产实习的动力（电、煤气）、燃料、材料费、教科书等教学用品费；按各级各类学校学生规定标准配备的其他物资的费用等。

我们将教育成本划分为固定成本和变动成本，对于加强教育成本管理、形成教育规模经济、提高教育投资经济效率有重要作用。

（六）教育的资本成本与经常成本

教育的资本成本与经常成本是根据成本支出的时间来划分的。所谓资本成本，就是一次性购置或建造的可以长期使用的资产的费用，其价值一次全部垫支，在教育活动中因磨损、折旧逐渐减少。而经常成本是一定时期内需要更换或添置的资产的费用，其费用多少随学生数量而变动，学生人数越多，成本支出越大。在我国，教育经常成本也称为"教育经常费"，包括人员经费和公用经费。

总之，教育成本可以按不同的研究目的或标准分为其他类型。例如，按教育成本的性质和用途划分，可分为物质成本和人员成本；从教育成本考核的角度可分为社会总成本、部门成本和单项成本等。分析各种教育成本的构成方式，可以指导各级各类教育部门更有效地分配和使用教育资源，从而提高教育效益，促进教育质量的提升。

四、高等教育成本分担

（一）高等教育成本分担概述

1.高等教育成本分担的概念

除了免费的义务教育之外，学校成本的负担主体都不是单一的。教育成本分担的概念最初是由美国高等教育学家、教育经济学家约翰斯通于20世纪80年代中期提出的。他指出："成本分担是指高等教育成本从完全或几乎完全由政府或纳税人负担转向部分依靠家长和学生负担，以交学费的方式补偿部分教学成本，或以支付使用费的方式补偿由政府或大学提供的住宿和膳食。"

教育成本是由四类主体分担的。第一，政府。不管是资本主义国家，还是社会主义国家，政府都是教育成本最主要的承担者。政府对学校投入大量的公共资金，但是政府的收入最终来源于纳税人，所以也可以说是由纳税人分担的。

第二，学生家长。学生家长以支付学杂费、生活费等方式分担教育成本。第三，学生自身。学生通过勤工助学或兼职等方式分担教育成本，或者在上学期间贷款，毕业工作后偿还本金和利息。第四，捐赠的个人和团体。

2. 高等教育成本分担的原因

（1）实行高等教育成本分担，能够满足日益增长的高等教育需求，应对高等教育财政危机

早在 20 世纪 60 年代初期，在人力资本理论以及一系列社会、政治现代理论的激励下，世界各国广泛参与了全面的教育发展计划，高等教育得到了优先的、大规模的发展。20 世纪 60 年代—20 世纪 80 年代，高等教育的招生人数在非洲增长了 9 倍，在亚洲增长了 4 倍，在拉美增长了 9 倍。高等教育规模的扩张以及现代化教学方式和手段的应用，使高等教育的财政形势十分严峻。在我国，1999 年国务院批准了教育部制订的《面向 21 世纪教育振兴行动计划》。多年来，我国高等教育在实现大众化的进程中取得了长足的进步，逐步探索出发展中国家高等教育大众化的基本路径，最大限度地满足了大众对高等教育的基本需求，促进了社会的快速发展。但是伴随着高等教育需求的持续增长，学生数量急剧增加，政府承担高等教育费用的能力降低，使高等教育财政危机日益严重。只有实行高等教育成本分担，受教育者支付一定的学费，才能有效支持政府的财政，才能有效解决公共资源危机。一些长期实行免费高等教育的欧洲国家，如荷兰、葡萄牙、英国、奥地利纷纷开始实行高等教育成本分担制度，其他一些仍然实行免费高等教育的国家也在讨论是否应该收取学费的问题。

（2）实行高等教育成本分担，有助于提高教育效率，促进教育公平

长期以来，在公立、私立学校并存的国家，公立学校的质量和效率普遍低于私立学校。人们认为，出现这种结果的原因就在于私立学校有竞争压力，建立了完善的教育成本核算机制，注重投入产出效率。而公立学校因其投入来自政府财政，不受服务对象的制约，没有竞争的压力与提高效率的内在动力，其效率低下是可想而知的。因此，学校负担部分教育成本，能够有效促进学校的成本节约意识，有效利用资金，监督资金和经费的使用情况，从而提高教育效率。

此外，实行高等教育成本分担也有助于促进教育公平。高等教育机会是有限的，把一部分教育成本转移给有支付能力的家庭，可以增加教育的供给。如果利用增加的教育经费对贫困家庭子女给予资助，将有利于其接受更多的教育，进而促进教育公平。

3. 高等教育成本分担的理论依据

（1）高等教育具有准公共产品的性质

高等教育使受教育者个人获得更高的收入和社会地位，这是他人不可分享的，因而在个人收益方面，高等教育具有竞争性和排他性；但高等教育又能使社会经济更快增长、社会发展更加和谐，使全体社会成员都获益，因而在社会收益方面，高等教育又不具有竞争性和排他性。因此高等教育部分具有公共产品性质，是一种准公共产品。

（2）高等教育具有社会收益和个人收益的性质

高等教育能够给社会和个人带来巨大收益。从社会收益角度来讲，高等院校集中了大量的学生，这些学生的衣、食、住、行都会带动高校所在地区的消费。此外，高校学生的文化修养较高，也能影响高校所在地区的文化水平。因此，不管是物质层面还是精神层面，高等教育都能给社会带来收益。从个人收益来讲，受教育者在接受高等教育之后，能够有效提升自身的知识文化水平、思想道德品质和职业技能，在劳动力市场上更快地找到工作，所以高等教育能够带来较高的个人收益。

（3）受益原则和支付能力原则

所谓受益原则就是指获得教育收益的各方面都要负担教育成本，受益较多者负担较多的教育成本，受益较少者负担较少的教育成本。而根据支付能力原则，所有从教育中获得好处的人，无论是直接还是间接，都应该按其支付能力来支付教育成本。

（二）实行高等教育成本分担的重要意义

1. 有利于扩大教育规模，提供更多的教育机会

成本分担政策对高等教育总体规模的影响具有两面性。一方面，实现高等教育成本分担，通过学生及其家庭所支付的高等教育学费，能够迅速补给教育经费和资金。国家利用这些资金和经费能够扩建校舍、扩大学校面积，从而为更多的人提供高等教育机会。另一方面，由于经济和教育是相互制约的关系，教育的规模受经济发展水平的制约。当前，我国的经济水平与发达国家相比仍然比较落后，国家用于教育建设的经费仍旧有限，所以，实行高等教育成本分担，让学生自己支付一部分学费，能够在公共投资不变的条件下使更多人接受高等教育。

2. 有利于促进高等教育财政公平

我国高等教育生均成本逐年上升，国家对高等教育的投入经费也逐年加大，这就意味着国家培养一个大学生的成本越来越高。如果不实行高等教育成本分担政策，国家难以平衡不同级别和类型教育的发展，这样会导致基础教育以及职业教育的滞后。因此，实行高等教育成本分担政策有助于教育均衡、协调、健康和持续发展。

在多数国家，富裕家庭子女接受高等教育的机会多于贫困家庭的子女。如果实行免费的高等教育政策，则低收入阶层通过税收为高收入阶层支付教育成本，致使高收入阶层占有更多的教育机会。政府对高等教育补贴越高，社会公共高等教育资源向高收入家庭倾斜的程度越大。反之，如果实行高等教育成本分担，利用学生资助政策向贫困学生进行资助，这样受成本分担政策影响较大的则变为高收入家庭，而低收入家庭的子女能通过贷款、奖学金、助学金等方式享受高等教育。

3. 有利于促进教育系统内资源的公平分布

长期以来，因为高等教育消耗的资金最大，所以我国公共资源主要集中在高等教育部分，导致教育系统内资源分布不平衡。随着我国实行教育成本分担政策，特别是随着个人分担比例的逐年增加，教育经费流向基础教育，促进了教育系统内资源的公平分布。

我国个人及家庭分担的教育成本逐渐增多，与此同时，公共负担的高等教育资源逐渐减少。这意味着在公共教育资源不变或者递增情况下，可以将因实施高等教育成本分担而节约出来的公共教育资源转移到高等教育以外的其他层次的教育中，从而使教育系统内资源分布更公平。例如，在经费有限的情况下，由政府把一部分由高等教育成本分担释放出来的公共教育资源投向初等、中等教育，重新安排财政支配教育比例，免除义务教育阶段学杂费，普及义务教育，保证适龄儿童接受义务教育。

4. 有利于提高高等教育的质量和效益

从国外实行教育成本分担政策的国家的经验来看，高等教育成本由学生家庭和个人承担份额加大，会使学生、家庭和社会更加注重高等教育的质量和效益，从而促使高等教育注重节约成本意识和质量意识的形成，使高等教育资源的内部配置更趋于合理。建立教育成本分担机制能加强高等学校的成本意识，对于提高资源的使用效率、节约成本、保证教育质量具有积极意义。

（三）完善高等教育成本分担的有效途径

1. 实行政府主导，个人、家庭和企业合理分担的政策

绝大多数国家的教育成本分担结构基本相同，包括两个方面。一是在全部教育成本中政府负担比例最高，占主要部分。二是政府负担的比例与教育级别呈反向关系，即教育级别越低，政府负担比例越高；反之，政府负担比例越低。

2. 收学费成为弥补高等教育经费短缺的主要途径

我国高等教育经费来源从全部由国家财政负担，逐步过渡到以国家财政性教育经费为主，多渠道筹集高等教育经费。高等教育成本分担具有随学生数量和成本水平变化而变化的特性，在高等教育经费需求增长与政府负担高等教育能力之间形成反差的情况下，提高成本分担水平，即提高学费占高等教育成本的比重，成为弥补高等教育经费的主要途径。

3. 建立和完善学生资助体系，保证高等教育成本分担政策的持续推进

当前，无论是发达国家还是发展中国家，在实行高等教育成本分担政策的同时，都建立了以助学贷款为主体的较为完善的学生资助体系。近年来，由于我国居民收入水平的提高，高等教育大众化已经基本实现。但是，由于区域经济发展不平衡，居民收入差距较大，还有相当一部分低收入家庭在负担高等教育学费方面存在困难。推行学生资助政策，不仅能够保证不同收入水平的家庭拥有同等的接受教育的机会，还能降低来自低收入家庭的学生的高等教育个人成本。

4. 制定合理的收费标准

收费比例或者成本分担比例应该参考各国的国情以及人民的收入水平。合理制定收费标准，合理确定国家财政和私人补偿之间的关系，有助于维护社会稳定，促进高等教育的健康发展。然而，在不同国家，收费标准不能仅仅参照高等教育生均成本，更要考虑人民的承受能力和国家财政支出能力以及高等教育发展水平等。

由于教育的公共性、外溢性和信息不对称性，学费定价就成为非市场条件下的政府价格行为，也是政府以及教育利益相关者共同参与的经济行为。我国学费定价与学费管理制度一直属于政府价格管理与公共财政的领域。义务教育的免费、高等教育的收费以及学费结构不断调整与优化，是我国学费制度改革的基本轨迹和方向。学费问题敏感复杂，需要进行深入的研究，但是国内系统

研究学费定价的理论成果较少。伍海泉在其专著《学费定价研究》中综合运用了市场经济理论、教育经济学理论，并使用会计学、统计学方法，全面阐述了学费的双重属性，深入分析了教育成本的计量方法，以及支付能力与学生资助制度的影响，为学费定价及其政策的制定、我国大学生生活水平的评估奠定了理论基础。

五、教育成本的核算

（一）教育成本核算的特点

在经济学中，成本核算是指对一定期间发生的费用按照某一种类的计算对象分别归集和分配，计算出各种计算对象的总成本和单位成本的活动或过程。教育成本主要指人才培养成本，即为培养学生而发生的用货币价值量反映的全部开支。因此，教育成本核算就是遵循一定的方法，对教育过程中各种费用的发生和成本的形成进行核算，计算在人才培养过程中耗费的劳动价值的总和。然而，学校与企业不同，并非物质生产部门。因此，教育成本的核算也有自身的特殊性。总体来看，教育成本的核算具有复杂性、不确定性和多变性。

（二）教育成本核算的程序

1. 确定成本核算对象

教育的最终目标是培养符合一定质量要求的学生，学生的培养成本是核算对象。在现实生活中，学校除培养学生之外，还从事其他活动，如校办企业、科学研究、提供产品和服务等。由此可见，教育的产出结果并非都包括在核算对象之内。

2. 确定成本核算期

成本核算期是按照成本核算对象计算成本的间隔期。教育活动具有周期性，其主要取决于各级教育的学制。如我国三级教育的标准学制分别为 6∶6∶4，即小学 6 年、中学 6 年、大学本科 4 年。虽然不同国家的各级教育学制不尽相同，但一般都比较稳定。因此，教育成本核算期可以定为学年和学期。

3. 确定成本项目

成本项目指归属成本核算对象的各种费用按用途划分的项目。学校教育的各项成本费用的经济用途不尽相同。有的费用直接用于人才培养和科研活动，有的则用于管理人才的培养和科研。因此，我们将教育成本按其经济用途划分为若干成本项目，一方面可以明确成本中各种费用的不同用途，进而建立监督体制；另一方面可以确定成本项目，明确成本的构成情况，便于分析成本升降的具体原因，以及各种因素对教育成本升降的影响程度，从而更有效地加强教育成本的控制，提高财务管理效率和教育资源的使用效率。

4. 归集和分配各种费用

为了正确归集和分配各种费用，我们应做到以下两点。一是要根据权责发生原则正确划分费用的使用归属期，合理地实施教育成本负担。凡是由本期教育成本负担的费用，即使尚未支付，也应计入本期成本；凡是不应由本期教育成本负担的费用，即使已经支付，也不能计入本期成本。二是要按成本收益原则划清费用的受益对象。各种费用只有具体划归相应的成本对象，才能计算该成本对象的成本。受益者分担成本，非受益者不分担成本；收益多者多分担成本，受益少者少分担成本。

（三）教育成本核算的项目

具体来看，教育成本的核算项目包括两类：教育成本项目和非教育成本项目。

1. 教育成本项目

教育成本项目有多种分类方法。为了使项目分类具有应用性，本章按照我国现行的事业单位预算会计科目支出性质进行分类，主要包括以下几类。

（1）人员成本

它包括学校教职工资及福利性支出，以及学生助学金、奖学金、助学贷款的支出。

（2）公用成本

它包括学校的公务费、业务费，以及国家规定的基本建设标准额度内的设备购置费和修缮费等。

（3）固定资产成本

它包括学校建筑物、教学或科研仪器设备、公用设备等的折旧费。

2. 非教育成本项目

在学校各项资源消耗中，还有一部分是与培养学生无关的费用，可称为非教育成本，我们在归类和计算中应予以扣除。它主要包括以下几类。

（1）社会服务成本

例如，社会在学校开办的商店、银行、邮电通信、治安等机构所占用的学校房屋以及由学校支付的费用，学校开办的幼儿园、小学、中学所占用的学校房屋等固定资产以及由学校支付的费用。

（2）校办产业成本

它包括各级学校开办的非教育产业无偿使用的属于学校的人力、物力和财力。

（3）科研成本

它包括高等学校科研用的固定资产和科研人员的工资；科研经费大多为教学人员与科研人员共用，可按照一定比例扣除。

（4）教职工住宅成本

在教职工住宅商品化的条件下，教职工住宅费用应从教育成本中扣除；在教职工住宅为福利的条件下，应计入教育成本。因为前者的费用已经包含在教职工工资之中，而后者未包括。

（5）离退休职工费用

它包括各级各类学校离退休教职工的工资及其他福利费用。

第七章 教育经济效益

第一节 教育经济效益的含义

教育效益包含面很广，不限于某一方面。教育既具有经济效益，又具有社会效益；既具有直接效益，又具有间接效益；既具有货币效益，又具有非货币效益；既具有私人效益，又具有公共效益。教育经济学研究的主要是教育经济效益。

一、教育经济效益的内涵

"经济效益"原本是一个经济学概念，指在现有条件下，单位时间内生产的符合社会需要的劳动成果与实际投入的劳动的对比关系。它包含两层意思：①投入与产出（所费与所得、消耗与成果）的对比关系；②产出（所得、成果）必须符合社会需要。也有学者将其分为三类：①增加生产的效益，如劳动生产率的提高；②降低成本的效益，这种效益可使资源得到有效利用，促进更多生产；③增进社会福利的效益，如培养个人的公德心等。这说明经济效益的概念既是一个相对概念，又是一个社会化概念，我们对它的判断要与人们所追求的目标相联系，生产的产品必须具有目的性和有用性。

教育经济学将经济效益加以引申和发展，并用它来表述教育所得与教育投入之间的对比关系，这就是教育经济效益。教育经济效益也包含两层含义：①教育投入与产出的对比关系，这是一个相对化的概念，教育投入越少，产出越多，表明教育经济效益越好；②教育产出必须符合社会各方面的需要，这里的需要不仅有质量，还有结构、数量，教育产品只有在质量、结构、数量等方面符合社会需要，才能使教育经济效益得以实现。

根据以上分析，我们可以把教育经济效益定义为教育培养的具备社会需要的能力和素质的劳动者在社会生产劳动中获得的国民收入的增加额，抵消了教育和培训成本之后的余额或纯收益。根据定义可知，教育经济效益应该包括两个层面的内容：一是教育对社会发展和经济增长的贡献和促进作用；二是教育给受教育者个人带来的收益。

教育经济学研究教育经济效益主要侧重于各级各类受教育者的收入增长与其受教育成本的差额或比值。因此，教育经济效益倍受全社会关注，人们要分析个人在受教育后得到了哪些收益，这些收益有多大，以此来选择个人受教育的类型与层次。同时，由于教育具有外部性，一个人接受教育会给社会和他人带来经济利益，有时甚至高于本人获得的经济收益。所以，我们研究教育经济效益时，除了关注教育的个人经济收益外，还要关注教育的社会经济收益。此外，因为不同层次、类别的教育经济收益与成本是有区别的，教育收益率也不同。因此，对教育收益率的研究也是一项重要内容。

从范围来看，教育经济效益有广义和狭义之分。广义的教育经济效益是指一切教育活动给个人和社会带来的直接和间接经济利益。它包括正式与非正式、学历与非学历、学校教育与校外教育活动所产生的直接和间接经济利益。而狭义的教育经济效益是指专门从事教育或培训的机构给个人和社会带来的直接和间接经济利益。

从表现形式来看，教育经济效益具有两种表现形式。一种为直接表现形式，即教育投入与产出的比较。在教育投入一定的情况下，培养出来的熟练劳动力和复杂劳动力越多，其效率就越高。另一种为最终表现形式，即教育投资增长所增加的国民收入额在整个国民收入总额中所占的比重，比重越高，效益越好。前者是教育的效率问题，后者是教育经济效益问题。

二、教育经济效益的特征

教育是特殊的生产部门，与国民经济其他领域的经济效益相比，教育经济效益有其独有的特征。

（一）间接性

众所周知，用于生产领域的投资，在一个生产周期之后，就会立即获得物质产品的增量和增值。然而，教育是一种培养人的活动，教育的直接成果是人的知识和能力的提升。只有当知识和能力同物质生产相结合，转化为生产力时，才能创造新的物质财富，教育的经济效益才能真正显现出来。因此，用于教育领域的投资不能立即产生物质成果和货币收益，需要在教育完成之后，成效才能间接地表现出来，即所谓的间接性。此外，教育费用不是直接投入物质资料的生产过程，而是投入教育过程。因此，教育投资不能在教育过程中完全得到经济补偿，我们也不能单纯从教育投入去计量教育的经济效益。

（二）迟效性

一般意义上的投入与产出过程是从投资开始的，直到回收全部资本并获得经济效益。在这个过程中，不同的生产部门、投资项目从投入到产生经济效益所需要的时间各不相同，有长有短。物质部门的生产周期一般较短，从各种生产要素的投入到产品销售，再到收回成本、取得利润，少则几个月，多则几年，其经济效益的实现比较快速；教育投资收益期与之相比则迟得多，基础教育需要 12 年，大学教育至少还需要 3～4 年，如果继续接受更高层次的教育，还需要 3～6 年时间，再加上某些行业还需要一些职业方面的专门训练，一个人从开始进行教育投资到形成专业知识和技能，再到在社会生产中发挥效能，需要的时间是相当长的。因此，个人乃至社会投资教育所获得的回报是迟效的。"十年树木，百年树人"，其道理就在这里。

（三）长效性

教育投资同其他领域的经济投资相比，其获得的效益会在更长的时期内发挥作用，这是由教育投资的长效性决定的。通常情况下，生产投资所产出的物质产品由于其自然属性的作用，在使用期间是逐渐损耗的，它的使用收益逐渐递减；而教育方面的投资则恰恰相反，不论是基础教育还是高等教育，学校教育传授给学生的知识和能力能够使他们受益终身，在几十年的工作期间持续发挥作用。不但如此，这些知识和能力可以成为受教育者个人将来发展的基础，像滚雪球似的在将来的工作中不断扩充和发展，给他们的工作、生活以及社会发展带来源源不断的效益，这表明投资教育所带来的效益具有长效性和增值性。此外，科学技术通过教育向大众传播并在生产过程中广泛应用，对经济增长产生非常深远的影响，给社会带来长期的经济效益。

（四）多效性

教育经济效益的多效性是指教育投资除了可以提高受教育者的直接生产能力之外，还能够促进国家经济增长。受过教育的人能够产生相当大的"外在性"影响，能够提高个人及家庭的健康水平，并重视对其子女的教育培养。社会受教育水平的普遍提高，还能降低社会犯罪率，有利于人类社会的和谐发展，相对减少社会成本。一般来讲，劳动者的受教育程度越高，教育就越具有多效性，也就越有利于经济的增长和社会的发展。

三、教育经济效益的类型

教育经济效益根据其内涵和外延的不同，可以分为不同类型。关于各类教育经济效益的分析探讨，对我们全面认识教育经济效益具有重要的理论和实践意义。

（一）教育的经济效益和非经济效益

根据教育效益是否能够用货币度量，可以把教育效益分为经济效益和非经济效益。教育经济效益是指教育投资之后获得的用货币度量的收益。相应的，教育的非经济效益是指很难或无法用货币度量的教育收益。在市场经济条件下，货币收益必须通过市场交换途径取得，因此，教育的经济效益和非经济效益也被称为市场化收益和非市场化收益。

教育经济效益是指教育培养一定质量和数量的劳动力，这些劳动力在生产过程中可以提高劳动生产率，为社会经济发展带来效益。教育经济效益从教育投资来源和所获收益之间的关系角度，可分为私人经济效益和社会经济效益。私人经济效益是以个人为出发点，考虑接受教育的投资成本与效益之间的关系，即个人增加的收入；社会经济效益是从社会整体出发，考虑接受教育的投资成本与效益的关系，即整个国家或社会经济的增长。

教育的非经济效益是指教育培养出来的各种劳动力和专门人才进入经济社会各个领域后，对经济和社会发展所起的积极作用。教育的非经济效益虽不能直接用货币度量，但其作用和效果不容低估。从国家和社会的角度看，教育能给社会带来多种很难或无法用货币度量的收益，包括培养现代民主社会的公民，提升整个社会的文明程度，促进社会的公平，推动技术进步，增强公民法治意识，稳定社会秩序，促进生态环境保护等。从个人的角度看：第一，教育能提高个人的生活质量，满足个人的精神生活需要；第二，教育产生消费者选择效率，在相同预算下，受教育程度较高的人能够选择效率更高的商品组合和服务组合，达到更大程度的效用满足；第三，教育促进个人资源配置能力的提高，使他们对自身的各种资源，如时间、家庭关系、身体状况的分配、处置更加合理和有效。

正因为如此，教育的非经济效益比经济效益更早被社会所认识，受到更多的关注。在自然经济条件下，落后的生产力对教育提出的要求不高，社会希望教育培养足够的人才，那时人们更重视的是教育的非经济效益。资本主义的产生极大地提高了劳动生产率，对教育的要求由单纯重视非经济效益转变为同时重视经济效益。教育成了"一项政治性和经济性的事业"，兼有经济效益和非经济效益。美国经济学家舒尔茨也认为，"教育所带来的应当是文化上和经济上的双重效益"，因为"教育的目标除了发展文化以外，还能提高一个民族的工作能力以及管理各种事务的能力，而人的能力得以提高，又会增加国民收入"。所以，现代教育的价值取向是，谋求政治功能与经济功能的协同，谋求教育与经济社会的协调发展，谋求经济效益和非经济效益的统一。

（二）教育的私人效益和社会效益

从受教育者主体来划分，教育效益可以分为私人效益和社会效益。凡是教育产生的效益由私人享有的，属于私人效益，由社会多数人享有的，属于社会效益。教育培养的人需要进入社会的政治、经济、文化、生活等各个领域，这就决定了教育不仅能给个人带来收益，还能给社会带来各种收益。美国学者曾将教育效益分为七种。①直接金融效益，即强调教育与个人所得的关系，因为在市场经济条件下尽管个人的所得与其能力、动机及其他各种社会经济变数皆有关系，但不可否认教育是提高个人所得最重要的因素。正因为如此，所以直接金融效益是教育经济学中最重视的一种效益。②选择金融效益，指教育可增强个人的上进心，使其选择接受更多的教育，进而获得更多的金融报酬。③适应能力的效益，指教育可提高个人适应技术变迁的能力，个人因接受教育可适应某一固定工作环境的变化，或变换各种不同的工作岗位。④非市场效益，指个人因接受教育提高了处理自身事务的能力，如辅导子女的学习等，这些工作如果雇人去做，其支出亦甚可观。⑤家庭效益，指以受教育者的家庭为中心所受个人教育的影响，如受教育者现在的家庭、受教育者长大后组织的家庭，甚至包括受教育者的邻里，均因个人所受教育而得到某种好处。⑥就业的效益，指受教育者对同事的工作所产生的积极影响，以及促进工作环境及工作关系的改进等。⑦社会效益，指受教育者可成为国家优秀的公民、有效的生产者，进而促进国家经济的增长，社会文化的发展。在上述七种教育效益中，前四种属于经济效益，后三种属于社会效益。我国教育经济学家高希均教授也将教育效益分为私人效益和社会效益两大类。私人效益共有四种：①教育程度高的人，假定其他因素相似，其终生所得较教育程度低的人为高，这就是受较多教育而产生的个人直接经济利益；②教育程度高的人，往往有更多的工作机会及进一步发展的机会，这就是所谓的"选择更多的经济利益"；③接受教育的人思想比较开放，学术根基比较深厚，必要时容易接受新知识、新训练，能改行转业，增加经济上的安全感；④接受教育的人，在现代社会中学识也比较丰富，这就是所谓的"非货币的经济利益"。教育的社会效益可分为：①教育程度高的人，所得较高，一般说来纳税也较多，这是他们对社会的贡献；②受过高等教育的人，其贡献是造福人群，促进社会进步，这些难以用数字来估计；③受过教育的人，其失业率与犯罪率较低，参加公益活动的概率高，同时周围的人与他们交往接触后，会受到积极影响。从受教育者主体来看，教育既具有私人效益，又具有社会效益。在我国社会主义市场经济条件下，办教育固然要考虑私人效益，但更要重视社会效益，必须把二者统一起来。

（三）教育的直接经济效益和间接经济效益

如果把教育当作一种生产因素，按教育效益是否来自该生产因素，可分为直接效益和间接效益。教育的直接效益是指教育活动对受教育者个人和社会群体产生的效益。其中教育对受教育者个人的直接效益体现在两个方面：一方面体现在受教育者个人的生产和生活上；另一方面体现在受教育者的社会生产活动上。前者包括受教育者个人在德、智、体、美等方面的知识、技能、技巧的提高；除此之外，还包括个人因受教育而使收入获得提高，以及文化素质、劳动素质、社会意识、身体素质等的提高。

教育的间接效益，亦称"教育外溢效益"，指教育在社会活动各个领域产生的效益，如促进地区经济的增长和繁荣，创造新兴产业并改善就业结构，改善经济结构，提高就业率等。教育的间接效益十分重要，甚至有学者认为，"就教育支出来看，教育的间接效益很大，教育的直接效益并非最重要的部分"。那么，教育会产生哪些间接效益呢？英国著名教育经济学家布劳格将其归纳为九个方面：①产生额外所得利润；②促使额外所得利润代代延续；③发现和培养个人的潜在能力；④使劳动力具有弹性，充分供给经济成长中需要的技术人力；⑤促进科学和技术的发展；⑥教导人们遵守法律，符合社会的要求；⑦促进国家政治的稳定；⑧保存共同的文化传统；⑨使人们养成良好的休闲娱乐习惯。我国著名经济学家厉以宁教授提出的"无形收入"，其实也是一种间接效益。此外，教育能促进科学技术的进步、劳动力素质的提高，从而给经济发展、经济增长、社会进步带来利益；教育对解决一般性就业、结构性就业、个人职业选择性就业、经济转型等问题具有重要的作用。

对于教育经济效益的研究，教育经济学家大多重视直接经济效益，因为直接经济效益可以用所得收益来表示。至于间接经济效益，由于衡量困难，分析极为不易，但在经济社会发展中间接经济效益却更为重要。在我国社会主义市场经济条件下，我们既要注重教育的直接经济效益，也应特别重视其间接经济效益。

（四）教育的货币效益和非货币效益

教育经济效益如果以货币的标准来划分，可以分为货币效益（金钱效益）与非货币效益(非金钱效益)两种。前者是以金钱的多少来衡量教育经济效益的，后者则不以金钱的数量来衡量。

教育的货币效益通常是以收入的多少来衡量。受教育者由于接受教育，在未来劳动中会获得收入的增加。但由于收入的种类很多，如工资、利息、租金、遗产继承等，为使教育经济效益在衡量标准上准确，我们通常以工资或所得金钱的多少来表示，而不包括非劳动收入。以工资衡量教育效益基于这样一种假定：教育是决定劳动生产率最主要的因素之一，可以代表劳动力的价值。但是决定工资的因素并不限于教育，由工资计算教育经济效益只能看出教育经济效益和工资相关的一般趋势。工资只能代表部分劳动者的收入，许多人的收入并不依赖工资。

教育的非货币效益，是指受教育者获得的不能以货币计量的其他教育收益，通常指受教育者在社会、政治、文化等方面获得的利益等。诸如受教育者对社会活动、政治活动和文化活动的积极参与，选举权的行使等所获得的利益。

在市场经济条件下，教育的货币效益是由市场决定的。教育的非货币效益则更多是由社会政策和社会态度来决定的。

第二节 教育资源效益的计量

研究教育经济效益不仅要弄清教育有没有效益，更要明白教育经济效益的大小。因此，我们对教育经济效益的分析既要有定性分析，又要有定量分析。特别是对教育经济效益的定量分析，能够通过统计和计算，用数字来反映教育经济效益，这样会让我们更准确地认识教育对经济发展做出了多大贡献。

一、教育经济效益计量的可行性与近似性

在科学的理论基础上对教育经济效益进行计量分析，是一种系统地比较教育成本与效益的方法。所谓教育经济效益的计量，就是对过去教育投资的成本

与现今教育的收益进行分析和比较，找到一种用发生在现在的成本来评定未来效益的方法。在市场经济条件下，进行这种计量分析的目的是找出一种测定投资预期结果的方法，以作为资源合理分配的准则。教育具有多方面的效益，且许多方面的效益很难用数字精确计量。

（一）教育经济效益计量的可行性

不论是理论上还是实践上都可以肯定地说，教育经济效益是可以计量的。从理论上看，马克思指出："教育生产力是由多种情况决定的，其中包括工人的平均熟练程度，科学的发展水平和在工艺上应用的程度，生产过程的社会结合，生产资料的规模和效能以及自然条件。"基于此，我们认识到人们接受教育使劳动能力得到提高，是提高劳动生产率的一个重要因素。换言之，一定条件下，教育与劳动生产率的提高，可以促进国民收入的增长，我们可以利用反映这种因果关系的数学模型进行计量。随着经济学计算技术的发展，教育经济效益的主要组成部分——成本、收益、收益率、劳动生产率等指标，已经可以用各种技术手段进行量化研究，因而教育经济效益的计量已成为现实。

从实践上看，从斯特鲁米林开始，到20世纪60年代的舒尔茨、20世纪70年代的贝克尔，以及他们之后的许多教育经济学研究者，都进行过教育经济效益的计算，并取得了重要成果。

教育经济学家在计算教育经济效益时所采用的方法繁多，概括起来有如下几种。

第一，国民经济增长指标和教育水平发展指标相互关系分析法，采用这种方法，通常是以社会总产品或按人口计算的国民收入，与社会劳动生产率水平进行比较。

第二，经济增长源泉分析法或经济增长因素分析法。这种方法是依据生产职能对社会总产品、社会劳动生产率的增长作用，来确定教育对国民经济发展的作用。

第三，直接计算教育经济效果的方法。一些经济学家采用劳动简化率的计算方法来直接计算教育的经济效果。

（二）教育经济效益计量的近似性

教育经济效益的计量是可行的，然而，教育经济效益的计量有时又是十分困难的。因此，实事求是地讲，教育经济学关于教育经济效益所做的计算只是近似的，并不能十分准确地将教育经济效益计算出来。其主要原因包括以下几点。

第一，劳动生产率的提高是多因素作用的综合效益，除了教育因素外，还受到个人的素质、能力、兴趣、主观能动性以及年龄、工龄、身体状况等多种因素的影响。任何物质生产都是活劳动和物化劳动的结合，因此，物质因素如生产设备状况、生产技术水平、原材料的质量等，也是劳动生产率的重要影响因素。此外，生产的管理水平、国家的经济政策等因素，对生产也会发生影响。所有这些因素交织在一起，其作用机制和大小各不相同，经常处在变动之中，因此我们要把教育的作用单独分离出来并计算，确实困难重重。

第二，教育的迟效性和长期性也增加了计算的困难。一个人接受正规学校教育时间可长达 20 年，工作时间可达 40 年。在这几十年里，生产的其他因素变化很大，要准确把握教育作用的大小，不是一件容易的事情。

第三，我们要进行教育经济效益的分析、计量，还须掌握一段时期里研究对象的大量有关数据，而这种统计资料往往不完全、不系统，口径不一致，甚至存在较大误差，这也是教育经济效益计量的又一难题。

第四，尽管目前计算教育经济效益的方法很多，但却无一套计算模式和计算公式完全没有缺陷和局限性。采用不同的计算方法得到的结果之间往往存在较大的差异。

总之，教育经济效益的计算都是近似的。虽然如此，但近似计算出来的结果也比单纯地对教育经济效益的定性描述要有意义。因为教育经济效益的计算，能使我们正确认识和对待教育发展和教育投资，合理安排教育投资的各项比例。这对于促进教育和经济的发展大有裨益。

二、教育经济效益的指标体系

西方学者在研究教育投资的效益时，为了准确细致地评价教育投资的经济效益，通常要建立一套指标体系，以便在进行计划和投资时使用。只有确立指标体系，才能全面计算、分析、评价和考核教育经济效益。建立教育经济效益指标体系要依据经济效益原则，即少投入、多产出：以同样的教育投资满足更多社会需要的原则，要符合投资资金循环与周转的原理，要适应不同层次计算和评价投资效益的需要，还要适合推进和完善经济管理工作的需要。

计算教育经济效益需要根据教育经济效益的指标体系，对指标体系中各项指标进行计算。普遍认为教育经济效益指标体系包括教育纯效益、教育收益率、教育对国民收入的贡献、教育对个人收入的贡献等。

（一）教育纯收益

教育纯收益是指由于投资教育所带来的国民收入增长的总和。计算方法是用一定时间内的教育收益总额减去该时期教育成本总额，公式表示为：教育纯收益＝教育收益总额－教育成本总额。

（二）教育收益率

教育收益率是指教育收益总额与教育成本总额的比较，公式表示为：

$$教育收益率 = \frac{教育收益}{教育成本} \times 100\%$$

通常人们更习惯用教育纯收益率，教育纯收益率是教育总收益去掉教育总成本后，再与教育总成本的比，公式表示为：

$$教育纯收益率 = \frac{教育总收益-教育总成本}{教育总成本} \times 100\%$$

（三）教育对国民收入的贡献

教育对国民收入贡献的指标分为绝对值和相对值，或者叫作静态值和动态值。其公式分别表示为：

$$绝对值 = 国民收入增长额 \times 平均教育收益率$$

$$相对值 = \frac{报告期教育创造的国民收入-基期教育创造的国民收入}{报告期国民收入-基期国民收入} \times 100\%$$

（四）教育对个人收入的贡献

对个人来讲，教育的经济效益还表现为使个人收入增加。个人教育投资将会带来个人收入的增加。表示个人收入增加的指标有很多，目前比较广泛采用的是个人收益率的计算方法。

三、国外教育对经济增长贡献的计量方法

教育对经济增长的贡献是研究教育经济效益的核心问题。国外在此方面的研究已经比较成熟，有以斯特鲁米林等人为代表的教育经济学家的研究成果，还有以人力资本理论学派创始人舒尔茨等为代表的教育经济学家的研究成果。通过他们的研究，我们可以发现用于表示教育对经济增长贡献率的方法多种多样，除了计算受教育水平与宏观经济发展指标之间的相关系数之外，还包括以下几种方法。

第一，教育对新增国民收入额的贡献比例，即教育所带来的国民收入的增长量占国民收入总增加量的比例，如舒尔茨的方法。

第二，教育对国民收入增长速度的贡献比例，即把教育当作一个生产要素，由教育这个要素投入所带来的国民收入的增长速度占国民收入总增长速度的比例，如丹尼森的方法。

第三，教育对新增劳动生产率的贡献比例，即教育所带来的劳动生产率（劳动力的人均国民收入水平）的增加量占总劳动生产率增加量的比例。

第四，教育对劳动生产率增长速度的贡献比例，即教育所带来的劳动生产率的增长速度占总劳动生产率增长速度的比例。

下面具体介绍几种较有影响的计算方法。

（一）舒尔茨的"投资增量分析法"

舒尔茨在《教育和经济增长》一文中分析了教育对国民收入的贡献，他提出了"投资增量分析法"。该方法是建立在西方经济学生产函数理论的基础上，对生产函数中的"剩余"进行分析和计算，来估计教育对国民收入增长的作用。舒尔茨将资本分为人力资本和物力资本两个部分，教育又是人力资本的核心，教育对经济增长的贡献等于教育投资的产出率（即在一定年份中教育经费占国民收入的比例）与教育投资收益率的乘积。用 P_e 表示教育对国民收入增长贡献的百分比，ΔK_n 表示一定时期的教育投资增量，ΔY 为一定时期内的国民收入增量，r_n 为一定时期内教育投资的收益率，那么教育对经济增长的贡献的公式则为：

$$P_e = \frac{\Delta K_n}{\Delta Y r_n}$$

在计算时，我们首先根据生产函数，找出增长余额；其次用反事实度量法，找出教育投资增量。计算教育投资增量之前我们还要计算在受教育者身上积累起来的教育投资的存量，舒尔茨计算一定时间点上的教育资本存量的公式可表示为：

$$E_r = \sum_{i=1}^{n} C_i \cdot B_i$$

式中 E_r 表示一定时点上的全部教育投资存量，C_i 为某一级或某一类学校毕业生的人均培养费用，B_i 为该级学历的就业劳动者人数，n 代表所有不同类别和等级的学校的项数，最后，通过教育投资收益率计算教育对国民收入增长的贡献。

（二）丹尼森的增长因素分析法

丹尼森在《美国经济增长和我们面临的选择》一书中，对美国 1929—1957 年经济增长的因素进行了分析，分别计算了各因素在经济增长中的作用，包括教育因素在经济增长中的作用。其计算的过程如下。

1. 根据西方经济学理论，分析国民收入增长因素

他认为经济增长因素为生产要素投入量和生产要素生产率（即是劳动生产率）的增加，一方面是劳动力在数量上的增加和质量上的提高，另一方面是资本在数量上的增加。而教育程度的提高是劳动力质量提高的标志，属于劳动投入量范畴。

2. 根据收入差别，计算教育程度相对差别的百分比

丹尼森的算法是将受过八年学校教育的工人收入作为基础，定为 100%，再用其他教育年限工人的收入和基准数相比，算出质量不同的劳动投入量上的差别，该差别即为计算不同教育程度劳动投入量折算的权数。

3. 以不同教育程度的简化系数，求平均简化数

丹尼森将反映教育程度差别的工人收入差别的百分比（调整后的简化系数）按教育年限组在劳动力数量中所占的比例加以平均，即算出某年的各级教育水平劳动力的年度平均简化系数。确定平均简化系数可以计算各年之间平均收入的差额，从而比较不同年度系数的大小，找出教育在不同年度对经济增长的作用。计算公式为：

$$\alpha = \sum_{i=1}^{n} A_i \cdot B_i$$

式中 α 为平均简化系数，A_i 为 i 级教育年限的教育程度工资的简化系数（调整后的），B_i 为 i 级教育年限的劳动力数量的百分比，n 为年限。

4. 全期增长系数和年均增长系数的计算

全期增长系数的公式为：全期增长系数 = 报告期平均简化系数 / 基期平均简化系数 -1。

求出全期增长系数之后，再求出每年教育平均增长系数的百分比 r，r 通过下式得出：

$$1 \times (1 + r)^n = 全期增长系数$$

$$r = 全期增长系数^{\frac{1}{n}} - 1$$

5.求教育作用对国民收入增长率的贡献

丹尼森把国民收入分配给劳动和资本，他根据经验得出，劳动和资本的比率为73 ：27，丹尼森认为教育作用只属于劳动价值（73%）这部分。所以，国民收入年增长率提高受教育因素为 $i \times 73\%$。同时，他又认为知识增长和应用对经济增长所起的作用只有 3/5 属于教育，因此基于教育程度提高而获得的经济效益是这两部分之和。

（三）劳动简化法

劳动简化法是建立在马克思的劳动价值论的基础之上的，认为复杂劳动是比社会平均劳动较高级较复杂的劳动，这种劳动力比普通劳动力需要更高的教育费用，生产要花费较多的劳动时间，因此具有较高的价值。这种方法的计算思路是按照一定的数量比例关系用劳动简化后的劳动总量中因教育程度提高而增加的劳动量，确定在国民收入增长额中有多少是由教育程度所带来的，以此说明教育对经济增长的贡献。计算步骤如下。

第一步，根据马克思的劳动价值论，分析国民收入增长的因素，其中一个因素是劳动力数量的增长，另一个因素是劳动生产率的提高。

第二步，确定不同级别之间的劳动简化率（也称"劳动简化系数"或"劳动简化比"），计算一定年份社会平均的劳动简化率。劳动简化率就是一定时间内复杂劳动的折算比值。把最低一级的劳动复杂程度定为"1"，作为简单劳动单位。劳动复杂程度的级别可以通过不同的教育程度、不同的工资等级、不同的劳动生产率来区分，然后通过它们之间的倍数关系，确定一定时期内复杂劳动与简单劳动的比例。由于各个时期的劳动复杂程度不是平均的，所以还要计算社会平均劳动简化率，计算公式为：

社会平均劳动简化率 = 不同级别的劳动简化率 × 不同级别的劳动者占总就业人数的百分比

劳动简化法是一种在理论上比较成熟的方法，但由于各种具体劳动简化方法存在这样或那样的不足，因而其比例系数关系不一定能准确反映劳动力的复杂程度。

第三节　教育成本收益的测量与分析

教育成本收益分析的理论基础是人力资本理论。人力资本理论认为，教育是一种生产性的投资，教育通过增加劳动者的知识技能来提高劳动生产率。在完全竞争的劳动力市场中，当供需平衡时，工资应该等于劳动者的边际劳动生产率。因此，人力资本理论通过建立"教育—劳动生产率—工资"三者间的关系，确定不同教育水平劳动力终身收入的差别，体现了教育的个人收益。

一、教育收益率的测量

教育成本收益分析是通过比较调整后的教育收益与教育成本，判断教育投资经济效益的一种分析手段。

（一）教育收益现值法

教育收益现值就是调整后的教育收益现值与教育成本现值相减所获得的教育实际收益。因为教育成本和教育收益并不是在教育投资决策时一次支付或者一次回收的，教育收益是学生就业后分年逐渐回收的，教育成本则是学生就学时分年支付的，所以要比较教育收益与教育成本，我们就必须以货币现值为基准进行贴现。教育成本收益分析一般采用由决策者认定的主观利率，分别把教育成本和教育收益贴现到某一特定时期（通常为毕业年份），再求两者的差值。需要特别指出的是，主观利率是由投资决策者主观决定的贴现率，受决策者、市场投资状况和通货膨胀的影响。计算公式如下：

$$PV = \sum_{t=1}^{n} B_t \,/\, (1 + r)^t - \sum_{t=1}^{m} C_t \,/\, (1 + r)^t$$

式中 PV 为教育收益现值，B 为教育收益，C 为教育成本，t 为时间，r 为贴现利率，n 为劳动者毕业后终身工作年限，m 为某级别教育的年限，$\sum_{t=1}^{n} B_t \,/\, (1 + r)^t$ 表示收益的现值，$\sum_{t=1}^{m} C_t \,/\, (1 + r)^t$ 表示成本现值。

教育收益现值公式表明，教育收益现值越大，该级教育投资的收益越高。决策者在不计较投资成本以获取最大利润为目标时，一般采用这种方法评估教育收益。此外，教育收益现值受主观利率高低的影响。通常主观利率越高，教育收益越低，反之亦然。

教育收益现值的不足之处包括：一是教育收益现值受主观利率的影响，其数值不固定，计算时所用主观利率不同，现值之间难以比较；二是教育收益现值仅计算出教育投资利润的多少，不容易了解投资效益。由此可见，即使有了教育投资现值资料，决策者仍很难做出决定。基于以上理由，现实的研究中很少有人用它来衡量教育收益。

（二）教育成本收益比值法

教育成本收益比值，顾名思义就是用调整后的教育收益现值除以教育成本现值，从而得到收益现值的倍数。计算公式如下：

$$B \ / \ C = \frac{\sum\limits_{t=1}^{n} B_t \ / \ (1 + r)^t}{\sum\limits_{t=1}^{m} C_t \ / \ (1 + r)^t}$$

式中 B/C 为教育成本收益比值，其他符号与上式同义。

与教育收益现值一样，教育成本收益比值也受决策者的主观利率影响，用它作为教育投资决策参考指标，客观性和可靠性得不到保证。但是，由这个指标可以看出教育收益现值与成本现值的关系，即反映了资本的使用效率，而且计算过程简便，教育成本与教育收益之间的关系一目了然。因此，有一部分研究者使用这种方法。比如，当年舒尔茨在计算美国各级教育的收益率时就采用了教育成本收益比值法。

以上两种方法都不能避免主观利率的影响，因此在进行投资决策和进行各级教育收益率的比较时，这两种方法应用并不广泛。下述的教育收益率法可消除前两种方法的弊端，而且能反映资本的使用效率，所以在实证分析中被研究者普遍采用。

（三）教育收益率法

教育收益率法又称教育内在收益率法。所谓内在收益率是使贴现的预期收益和贴现成本相等的比率，根据凯恩斯的资本边际效益计算方法而来。美国学者汉森首先将此法引入教育经济学，形成人力资本的内部收益率计算法，是教育经济学家研究者普遍采用的方法。内在收益率的特点是不必假定贴现率，因为内在收益率本身就是投资决策的标准。内在收益率的计算公式为如下。

1.收益现值等于成本现值

$$\sum_{t=1}^{n} \frac{B_t}{(1+r)^t} = \sum_{t=1}^{n} \frac{C_t}{(1+r)^t}$$

2.收益现值减去成本现值等于零

$$\sum_{t=1}^{n} \frac{B_t - C_t}{(1+r)^t} = 0$$

两式中，B 即收益现值，C 为成本现值，t 为时间，r 是教育的内在收益率或报酬，即教育经济学中常用的教育资本的边际效益。教育内在收益率的高低，可以显示教育投资的优劣，故我们以教育内在收益率做决策参考，应以具有最大内在收益率的投资方案为最优。而可供选择的任何方案，其教育内在收益率也不应低于选定的贴现率，不能低于当时的银行利率。

上列两式皆可用来比较分析教育阶段的成本效益，即收益率。以高等教育为例，其成本是四年学习的直接费用（C_1），政府为每一名学生花费的费用（C_2）和机会成本（C_3）之和；其收益为大学生毕业后的工资收入（W_1）与中学生的工资收入（W_2）的差异。另外，假定大学生 22 岁毕业后，每个学生可工作 43 年，直至 65 岁退休止，则高等教育的内在收益率（r）可运用下列公式计算出来：

$$\sum_{t=1}^{43} \frac{(W_1 - W_2)_t}{(1+r)^t} = \sum_{t=-3}^{0} \frac{(C_1 + C_2 + C_3)_t}{(1+r)^t}$$

式中左边为收益，右边为成本。所有成本贴现到零年为止，所有收益贴现到同一年。

教育内在收益率法对个人教育投资的选择有一定的参考价值。当一种投资的内部收益率 r 大于市场利率时，就可以继续投资，如果有两个或两个以上互相排斥的投资项目时，则选择 r 最大的那个项目。不过需要指出的是，教育经济学家使用的教育内在收益率法，是把工资收入的差别作为教育收益的标志，但工资收入不仅取决于教育因素的影响，还取决于许多非教育因素的影响，如年龄、天赋、道德、健康、家庭、职业、环境等。因此，其计算结果不是十分精确和科学的。

（四）收入函数法

收入函数法又称明瑟收入函数法，它始于美国学者明瑟 1958 年进行的开创性研究。该方法计算的明瑟收益率是个人收益率，指的是教育边际收益率，反映了受教育者因多受一年教育而增加的收入。其基本公式是：

$$Y = a + bS + cx + dx^2 + \varepsilon$$

Y—年收入

S—受教育年限

x—劳动力市场经历或工龄

a—截距

ε—误差项

b，c，d 为相应变量的回归系数，其中 b 为每增加一年教育，个人收入增长的百分比；c 为每增加一年工龄，收入增长的百分比；d 在公式中没有实际含义，因为它是 x^2 即劳动力市场经历或工龄平方的回归系数，而劳动力市场经历或工龄的平方本身就没有确切的现实含义。因此，d 只是方程计算过程的必要数值，在计算的最终结果中 dx^2 就不再存在了。

对方程求导，可得：

$$b = \frac{dY}{dS}$$

可见，回归系数 b 就是受教育年限 S 变动引起的收入 Y 的相应变化。

二、教育收益率的分析

教育不是经济，学校不等于企业，教育收益的计算必须考虑教育本身的特点。

（一）不同层次教育投资的成本分析

按照现行学制，教育可以分为三级，即初等教育、中等教育、高等教育。我们对不同层次的教育逐一进行分析。

1. 初等教育

教育收益率的研究表明，初等教育的个人收益率是相当高的。因为在三级教育中初等教育的成本是最低的，同时，由于小学毕业后的学生在劳动力市场中很难就业，所以教育机会成本为零。除了成本低之外，还有一个非常关键的问题是从受教育可能导致未来收入增加的角度来看，尽管接受初等教育带给人们的收入并不十分高，但是受接中等、高等教育而导致收入增加是建立在接受初等教育基础之上的。经济学家称之为收入效益上的"机会选择权"，即接受初等教育才能接受更高层次的教育，才能取得相应较高的收入。

2. 中等教育

舒尔茨的研究表明，在中等教育中，学生放弃的收入占中等教育总成本的比例较高，且高于高等教育的该项比例。20 世纪 60 年代以后，劳动者因接受中学教育而放弃的收入每年都超过总成本的一半。舒尔茨对高中生和大学生因接受教育而丧失的收入进行了估算，将 1949 年视为基年来确定青年女性与男性的收入，假定学生丧失的年收入为 40 周的工资，再根据高中与大学学生的不同年龄构成估计其机会成本，并将有关收入比例运用到对机会成本的估计中，再用失业率加以调整，得出接受教育的机会成本。

在发展中国家，中等教育收益率一直非常高。研究者对 30 个低收入国家所做的研究表明，中等教育的货币收益率超过 15%。从长期趋势来看，中等教育的收益率存在因教育投资扩大而使收益率下降的情况，且这一下降趋势在低层次的教育中表现更突出。

3. 高等教育

高等教育的投资是由个人（家庭）自主做出的决策，由于这一年龄组的受教育者身体通常已发育成熟，体力和知识水平足以满足劳动力市场的大部分非专业技术性工作，因此这一层次的教育投资成本大大增加，其决策也更明显地受到投资成本收益水平的影响。在不存在教育补贴的情况下，大学层次的教育投资收益率与其他教育层次的投资收益率不具有可比性。如果不考虑教育的消费价值，大学教育的私人收益率一般与其他个人投资的私人收益率相近。在美国，高等教育的私人内部收益率一直很可观。多数研究者认为，这一收益率为 10% ～ 15%，略高于物质资本投资的平均收益率。这表明在过去几十年中，学生可以通过私人成本收益分析做出教育决策。贝克尔在《人力资本教育和研究的作用》一书中估计 1939 年、1949 年和 1959 年高等教育的私人内部收益率分别为 14.5%、13.0% 和 14.8%。

以上对三级教育的成本收益分析仅是对教育经济学家所做的个案研究的简要介绍，并不能完全准确地说明三级教育的收益率具体是多少。但是总体上说，小学教育的收益率是很高的，发展中国家高等教育的收益率高于中等教育的收益率，而发达国家却并不如此。经济学家对上述现象的解释是发展中国家大学的政府贴现比较多，而发达国家不仅政府的贴现没有发展中国家多，其大学教育还出现了"过度教育"现象。

（二）教育收益率的变化规律

教育收益率并不是固定不变的，各个国家和地区在不同年份之间的教育收益率是变化的，但是经过一定时间的转化也是具有可比性的，只须打一定的折扣。

一般地讲，教育收益率的分布和变化具有如下特征。

第一，所有的教育收益率都为正值，这说明投资教育无论对个人还是对社会来说都是合算的。事实上，教育等人力资本投资是比非人力资本投资更能带来回报的投资。教育投资收益率一般在 10% 以上，而非教育投资收益率或社会贴现率一般为 5% ~ 10%。

教育收益率之所以较高的原因有两个：一是教育投资最终沉淀于人，内化为劳动者较高的生理和心理素质，而人是具有能动性的，特别是受过高等教育的人具有较高的配置能力，他们不仅能优化人力资源的配置，还能优化物力资源的配置；二是因为教育的特性，私人投资教育能享受各种补贴，而非人力资本投资在个人与机构的权益与责任之间是泾渭分明的，各级政府机构一般不会贴钱给个人进行非人力资本投资。

第二，私人收益率高于社会收益率，经济越落后，教育层次级别越高，二者之间的差距越大。私人收益率高于社会收益率的根本原因是社会（包括政府和社会团体）对教育投资收益率的影响，更与成本密切相关。由于教育的强外部性和特殊性，几乎每一个国家的政府都对教育进行大量投资。这种投资虽然主要来自公民的税收，但每一个公民所缴纳的税收并不相等，这样受教育者就等于无偿享受到了未受教育者所缴纳的税收。这一方面提高了教育的个人收益率，另一方面又降低了教育的社会收益率。经济越落后，个人与社会收益率差距越大，这是因为一个国家越落后，受教育者数量越少，受教育机会也越不平等；教育层次越高，个人与社会收益率差别越大，这是因为较高层级教育的总成本更高，政府对它的资助总额较多，而且随着教育层级的增加，有机会就读的人就越少。

当然，私人收益率也有可能低于社会收益率。这种可能转变为现实往往并不是因为社会不对教育进行投资，而是因为存在各种制度性障碍，使受过教育者所得太低。

第三，无论是私人收益率还是社会收益率，发展中国家都比发达国家高。比如，收益率最高的是非洲国家，最低的是发达国家。其中原因主要是落后国家青少年上学机会较少，从而使受过教育的劳动力的需求大于供给，投资者在劳动力市场既能获得因边际生产力较高所带来的收入，又能获得某种垄断资金。较高的收益率意味着人力资本投资不足，但由于资本市场的不完善，人力资本投资不足的状况难以很快改善。

第四，就私人收益率而言，在三级教育中，小学教育的收益率最高，大学教育的收益率次之，中学教育的收益率最低。小学教育收益率之所以比中学教育收益率高，是因为小学教育基本上没有机会成本，而机会成本占了个人教育总成本的一半；大学教育收益率比中学教育收益率高，是因为前者有更多的补贴，而且相对来说，大学生是比较稀缺的人力资源。发达国家的大学教育的收益率却低于中学教育的收益率，其主要原因是发达国家大学生的供给已经相对充分。

在发展中国家，小学教育与大学教育之间的社会收益率相差很大，远远高于发达国家的同类差距。这说明社会资源在小学和大学之间的配置没有达到最优，即小学教育投资不足，大学教育则投资过多。因此，把部分投资于大学教育的资源配置到小学教育中去，将提高整个教育资源的配置效率。

第五，竞争部门（私人部门）就业者的教育收益率高于非竞争部门（公共部门）就业者的教育收益率。公共部门收益率偏低的原因是政府把公共部门看作调节经济和收入差距的重要手段，因此，它的工资制度带有更多人为痕迹，对教育价值的评价往往低于市场评价。

第六，教育收益率的长期演变具有稳定性。教育收益率的时序比较有两种方法：一是跨国比较，即国家有序排列，看它们的教育收益率的波动情况；二是一国历史比较，即比较一个国家不同时期的教育收益率波动情况。第一种方法即跨国比较法，随着人均收入的提高，教育收益率呈下降之势，教育收益率虽受教育规模和经济周期的影响，但还是保持了相当的稳定性。

（三）分析计算教育收益应注意两个问题

为了更好地进行教育收益的计量和分析，我们应思考和解决好以下两个问题。

第一，计算教育收益率需要各级劳动者年龄收入的数据资料。通常获取不同教育水平劳动者的年龄收入资料有两种方法：一是纵断面资料法，该方法必须对固定样本进行长时期的追踪调查，实际难以操作；二是横断面资料法，该方法是把某级别教育中不同年龄劳动者的平均工资收入组合为该级教育毕业生终身收入。数据的获得仅需一次抽样，简便易行。不过，采用这种资料计算的教育收益率无法体现经济增长给教育收益带来的影响。两种获得资料的方式各有利弊，在研究中，我们可以根据研究需要灵活采用。

第二，教育收益是指经过调整后的不同教育水平的劳动者之间的收入差异，即劳动者纯粹因受教育带来的收入增长。实质上，影响收入的因素非常多，其中不仅有制度和环境因素，如国家的劳动报酬制度、劳动力市场工资结构，还有个人因素，如性别、种族、天赋能力和家庭背景等。个人收入的实现还受劳动力供求状况、国家税收政策的影响。教育成本收益分析必须从众多因素中找到对收入产生影响的因素。

第八章 教育资源的利用效率

第一节 教育经济学领域效率的含义

一、经济学领域效率的基本含义

"效率"一词是经济学的概念，是指输入与输出之比、所得与所费之比、效用与消费之比、投入与产出之比，是以一定量的投入求得最大的产出，或是以较小的投入求得一定量的产出。尽管经济学并非效率研究的提出者和开创者，但真正赋予效率深远意义的正是经济学。

在经济学中，几乎没有比"效率"应用得更广泛的概念了。人类从产生文明开始就有生存和发展的问题，就有经济活动，而一切经济活动无不是以"效率"为前提的。对于效率的研究是贯穿经济学发展始终的主线，从古典经济学到新古典经济学，再到新制度经济学，都体现了研究者对效率的深入研究。因此，经济学领域对效率含义的理解是我们研究教育资源利用效率的基础。

效率一词来源于自然科学，原本是物理学、机械学中的概念，后又应用于相应的工程领域。它被定义为有效输出量与输入量的比值，是一个数量的概念。而真正对效率开展集中研究的是经济学。经济学意义上的效率主要包括生产效率与资源配置效率两种形式。所谓生产效率即非配置效率，是指生产活动中如何根据各种资源的物质技术联系，建立最符合生产要素性质的经济联系，生产尽可能多的物品和劳务；资源的配置效率是帕累托效率，即如果某种资源配置使该组织中的所有人的情况比初始时更好，那么，这个资源配置就是最优的。新制度经济学派认为，鉴于现实生活中的有限理性、信息不完全、交易成本大于零等约束，任何时点上的资源配置只能是次优选择，其中，制度因素是影响经济资源配置效率的内生变量。

随着人们对效率问题的重视，这一概念被引入社会活动的各个领域，使用者不断对其内涵和外延进行拓展，使之得到充实和扩展。在社会活动领域，效率的含义是以较少的投入获得较大的收益，内容包括劳动生产的质和量，是指社会主体劳动力的付出和相应的报酬的差别。研究者从不同的角度展开了对效率的研究，不同的研究者从不同的学科和视角出发，产生了不同的看法。有的人认为效率是指"系统产出增量与投入增量之比，也可理解成某项事件的边际效用"；有的人认为效率"是使用价值的出量与劳动工时的入量的比例"；有的人认为效率"是指资源的有效使用和有效配置"；有的人认为效率"可以分为生产效率和资源配置效率，前者要求以最低的成本生产产品，后者指资源配置达到帕累托最优"；有的人认为效率"是配置效率的简称，是指在投入和技术确定的条件下，使既定经济资源产生的满足度最大化的状态"；有的人认为效率"是最有效地使用社会资源以满足人类的需要"。

笼统地讲，经济学就是研究在一定条件下，人们如何将有限的资源在若干种可供选择的用途上进行配置，以便最大限度地满足人类欲望的科学。因此，无论经济学家怎样给经济学下定义，其核心都离不开"将有限资源在几种可供选择的用途上进行配置和使用"这个主题，因为在经济领域内，任何资源都是有限的，不同的资源只是有限供给的程度不一样而已。各种有限的资源如果使用得当，配置得当，就可以发挥更大的作用；反之，配置使用配置不得当，有限的资源只能发挥较小的作用，甚至可能产生副作用。这就是高效率与低效率的区别。效率是资源的有效配置和使用，体现的是产出与投入的比例关系，侧重用量来进行表述。只不过不同的研究者对产出和投入的理解不同，导致了效率定义的具体表述有所不同。

二、教育学领域效率的含义

从经济学的角度看，教育过程是教育资源的投入、利用和教育产品产出的过程，是教育者和受教育者共同参加的双向的劳动过程。这一劳动过程尽管不直接生产物质产品、创造物质财富，而是培养和提高受教育者的素质和劳动能力，但与其他劳动过程一样，都是在一定的时间中进行的，都要"耗费人的一定量的肌肉、神经、脑等"，都是自身体力和脑力的消耗过程，是教育者和受教育者耗费一定量的活劳动和物化劳动的过程。因此，同物质生产过程一样，教育过程也有"投入"与"产出"的问题、"劳动耗费"与"劳动成果"的问题，即教育资源的利用效率问题。

　　由此可见，教育领域内的效率与经济领域内的效率在含义上没有太大的差别，教育领域内的效率从本质上讲是指"资源配置的结果要使效率最大化，即教育资源配置要形成一定的优势结构"。如果有限的教育资源配置得当、使用得当，就能发挥更大的作用，具体表现为：用有限的教育资源获得教育规模与教育质量的较大发展；如果有限的教育资源使用不得当，配置不合理，就只能发挥较小的作用，具体体现为投入一定的资源却不能使教育规模得到扩大，不能使教育质量得到提高。

　　早在 20 世纪初，随着第二次工业革命和现代生产的迅速发展，教育生产功能论兴起，在工业发达国家受功利主义和商品经济的影响，效率的观念被引进教育领域。1910 年美国教育领导人之一的巴格利出版了《教育管理》一书，指出教育管理是一个经济问题，投在学校的每一单位货币、时间、能量都应获得最大的红利。随后有关教育资源的有效利用问题受到了教育界的广泛关注，具体表现包括：①批评当时学校系统的浪费及无效率；②要求对学校教育成果做出衡量，学生的质与量都要计量；③为防止资源浪费，要求对学校预算进行量的分析，形成成本分析的热潮；④出现了很多研究教育效率的专家，一是教育学者，他们为教育生产活动提供服务和咨询，二是各大城市成立的效率局所聘用的效率工程师；⑤要求对教师的教学能力进行计量评价；⑥要求对学校建筑及设备的利用率进行计量。

　　20 世纪 20 年代中期以后，由于遭到教育界重视学生人格素质的人士的反对，以及计量教育效率方法本身存在某些缺陷，教育追求效率的热度有所下降。但是，研究者对学校教育资源利用效率的研究一直未停。1935 年，罗素等学者发表了关于高等学校学生人数与成本支出的相关研究成果。20 世纪 40 年代—20 世纪 50 年代相继出现了很多关于教育投入、产出分析和教育成本分析的研究。20 世纪 60 年代，成本效益分析技术首先在美国、加拿大和欧洲发展起来，随后又相继在世界不少国家得到推广和运用。

　　我国是一个人口众多、资源相对不足的发展中国家，社会为教育提供的资源是有限的。要培养同现代化要求相适应的高素质的劳动者和数专门人才，发挥我国巨大人力资源的优势，满足经济社会发展和人民日益增长的物质文化需要，我们更要合理配置教育资源，提高教育资源的利用效率。

　　但由于研究者从不同的研究背景和视角出发，对"效率"进行解读，因此关于教育资源利用效率的概念，目前国内有多种不同的表述方法，如教育经济效率、智力投资经济效果、教育的经济效力、教育内部经济效率、教育投资内部经济效率等。

"教育经济效率"是与教育经济效益相对应的概念。目前国内持这种说法的人很多，很多版本的教科书都沿用了这种表述。持这种观点的人认为，将教育的投入与产出的比较称为"教育经济效益"，是照搬生产部门关于"经济效益"的概念。事实上，教育投入与教育直接产出的比较，只能说明教育过程中教育投入使用效率的高低，而不能说明教育经济效益的大小。故持这种观点的人认为，用教育经济效率来说明教育过程中教育投入使用效率较为贴切。

"智力投资经济效果"是厉以宁教授最早提出的概念，与教育的社会经济功能相对应。所谓智力投资经济效果，即"智力投资这一经济活动的劳动消耗与所得成果之比，也就是智力投资的投入与产出之比，而不涉及由此在社会和经济各方面引起的后果"。智力投资经济效果的提出，依据的是经济效果的定义。什么是经济效果？"经济效果是指人们的经济活动中的劳动消耗（包括物化劳动消耗和活劳动消耗）与所得到的成果之间的比较。简单地说，它是指投入与产出之比。各种劳动消耗就是投入，各种成果就是产出。"但使用这一概念的不足之处在于，"经济效果"更侧重对教育成果的考察，其着眼点主要在产出上，只要一个单位能培养出数量更多、质量更高的人才，就会被认为教育的经济效果是好的，而对为获得这一成果付出的代价则往往被忽视。"教育的社会经济功能是指教育在国家经济和社会发展中的作用。"显然，"教育的社会经济功能"这一概念的内涵要比"教育经济效益"宽泛。它包括教育再就业、国际收支平衡、收入分配、社会经济与社会发展目标、财政收支等诸多方面对社会、经济直接与间接的促进作用。

"教育的经济效力"是华东师范大学邱渊教授提出的概念。与此相对应的概念是"教育的经济成效"。邱渊教授认为"教育事业的全部社会效益体现在教育工作本身发挥的功能和教育成果发挥的作用两个阶段"，"教育工作的经济效力是教育事业的功能在教育过程中的经济特征的数量表现"。教育工作经济效力主要体现在"教育结构的组合效力"和"教育机构的工作效率"两方面，教育工作培养的教育成果具有经济效用，在社会实践中，教育成果发挥经济效用的结果，成为"教育成果的经济效益"。"教育成果的经济效验"，是可以验证的教育成果的经济效益的简称。以教育成果的经济效验为重点来表现教育成果的经济效益，有时又可进一步简称为"教育的经济成效"。

"教育投资内部效率"是袁连生和袁强两位学者提出的表述方法，是与"教育投资外部效率"相对应的概念。他们认为，教育投资的效率是教育的产出与投入之比。按教育的结果，可以把教育产出分为内部产出与外部产出。内部产出是教育过程的直接结果，包括学生知识技能的提高、思想品德的变化、身体素质的增强。外部产出是指教育对社会经济的作用和贡献。教育的外部产出与教育投入之比，是教育投资的外部效率。教育投资的外部效率是教育对经济增长的贡献的度量；教育投资的内部效率则是教育本身效率的度量。

上述这些不同的观点体现了一个共同的特点，即将教育的经济贡献分两个阶段来进行研究，并在每一阶段分别提出一个概念来表述该阶段的研究内容。教育内部经济效益与教育外部经济效益的划分、教育内部经济效率与教育外部经济效率的划分，以及教育经济效率与教育经济效益的划分，都属于粗线条的划分。投入教育过程的是人力、物力和财力，它们的总和即教育资源。既然称为资源，就有一个利用效率的问题。基于这样的分析，我们认为用"教育资源的利用效率"来概括教育投入与教育直接产出的比例，较为合适。

教育资源利用效率，从宏观角度讲，是指整个社会全部教育活动的投入产出状况，或国家为教育部门投入的资源的利用效率；从微观角度讲，即探索一定部门、一定地区或学校教育活动中的投入产出状况，特别是学校教育过程中的教育资源利用效率。

教育的投入与产出的配合通常有三种方式。①产出配合法。在投入一定的情况下，以产出的不同配合、产出内容以及体现的价值量的不同，反映教育资源利用效率的不同。②投入配合法。在产出量一定的情况下，以投入的不同配合、内容与数量的不同，反映教育资源利用效率的不同。③投入产出配合法。以投入、产出的不同配合方式、内容、数量及其相关程度的不同，反映教育资源利用效率的不同。其计算极为复杂，包括量与质两方面。量的方面可加总，但质难以计量，虽可对不同质的量加总计算，但做到标准化、科学化很困难，甚至是不可能的。所以教育资源利用效率的分析一般都是借助假设来进行的，即假设学校处于理想状态——学生努力学，教师认真教，教学内容合理，教学方法得当，学校管理有方；整个教育系统有序，即教育结构合理，不存在教育浪费等。这些假设如能成为现实，则教育资源将得到最大程度的利用。但事实上上述假设并不等同于现实，不同地区，不同学校，对于这些假设具有不同的满足程度。这样计量出的教育资源利用效率只能是有条件的和相对的。因此，对教育资源利用效率的考察研究，我们必须注意下列问题。

第一，投入与产出应有可比性，标准与口径应统一。我们要排除不同经济发展水平和不同投入水平的影响，排除生均费用上升趋势的影响，才能找出效率的高低。不具有可比性的内容，很难说明效率的高低。

第二，指标必须客观，排除主观因素影响，保证抽样和指标的合理性及结论的科学性。例如，作为样本标准，我们应取全国同类学校的平均数或一定数量同类学校的平均数，也应考虑物价提高的指数、地区差价等，否则难以做出较准确的评价。

第三，在考察微观教育单位内部教育资源的利用效率时，我们必须以外部经济效益为前提。这是因为，如果教育培养的人才与经济社会发展的要求不相适应，那么微观教育单位教育资源的利用效率再高，也不可能产生较好的外部经济效益。例如，高等和中等专业学校的某些专业设置，如果不符合国家经济结构的需要，学校输出的人才学非所用，培养的学生数量越多，内部资源利用效率越高，教育资源浪费越大。因此，提高外部经济效益是提高微观教育单位教育资源利用效率的出发点。而微观教育单位教育资源的利用效率又是实现外部经济效益的基础。微观教育单位教育资源利用效率的提高，必然体现为外部经济效益的提高，二者是互相制约的。

第二节　教育资源浪费的现状分析

教育资源利用的低效率及其制度根源是教育资源的浪费，或曰教育浪费。对于教育资源的浪费有多种解释。按照联合国教科文组织的定义，"浪费"这个术语在教育领域里被用来描述阻碍一种教育体制实现其目标的各种障碍，有的学者则把目标实现功能没有得到发挥的状态称为浪费，有的学者把教育中的浪费等同于"学校的失败"，而《国际教育百科全书》的定义则是："所谓教育浪费就是指留级生重读和辍学生就读过的总学年数。"那么，教育浪费的是什么呢？有学者认为"是人的学习、学校设施与设备"，而美国著名教育学家杜威则认为，教育浪费的问题并不只是金钱或物力的浪费，"最根本的浪费是人类生命的浪费，儿童就学期间生命的浪费和后来由于不适当和谬误的准备所造成的浪费"。由此可见，教育资源的浪费既包括显性浪费，也包括隐性浪费，其内容主要包括以下几个方面。

一、留级与辍学

在西方一些教育著作中，教育资源的浪费主要是"留级生与辍学生在学生时代待在学校的总年数"。"留级生是指留在原年级重新再读该年级课程的学生；辍学生是指尚未完成整个教育阶段，未到最后毕业就中途离校的学生。"留级之所以被认为是一种浪费，是因为：①留级生待在学校的时间比预定的长，因而减少了学校招收新生的人数；②留级生使学校的经费受到损失，提高了培养学生的经费开支；③留级增加了辍学的可能性，使教育体制内的机会均等出现了倒退现象。因此，在留级与辍学两种现象中，留级造成的浪费更大。浪费的是什么呢？第一年投入的教育资源与学生自身的投入（时间、精力、金钱等）被浪费了。更值得注意的是，由于第二年的大部分时间用于重复学习第一年已经学过的东西，这不仅本身是一种浪费，更可能使学生讨厌学习，降低学生学习的积极性。这些都表明教育投资的利用存在问题。

导致留级现象产生的原因是多方面的，但学校本身的原因是主要的。如果学生发展正常，不存在特殊的学习障碍，学生留级就可能是教师造成的。因为学生没有达到更高年级要求的水平往往与教师对学生的关注、教师的教学方法和态度等有关系。教师的教学工作有时注重教学内容，却忽视了学生的学习过程，势必造成部分学生达不到升级要求，于是只能留级重复原来的学习内容。因此，教育应从注重教学内容转向既注重学生学习过程又注重教学内容，从而减少留级造成的教育资源浪费。

那么，能否利用升级制度来减少教育浪费呢？即从行政上取消留级，让学生一律自动升级。对这一问题历来有不同的看法。问题的关键是如何提高学校教育质量。如果学校教育质量不高，学校不能使学生掌握实际的知识，具备较好的能力，而只是在形式上让他们统统毕业，同样会造成教育的严重浪费。不求质量的效率与求质量但效率低下都是对教育资源的浪费。

辍学就是中途停止上学。它一般限于义务教育阶段，指义务教育阶段学生未满修业期限就中途离校的情况。辍学也被视为一种教育浪费。因为辍学的学生没有达到所就读教育阶段的教育目标。造成辍学的因素是什么呢？联合国教科文组织在一篇关于教育浪费的报告中，使用相关资料分析的方法，分别找出了留级和辍学的决定因素。该报告的结论是："辍学与决定教育供求的因素有密切关系，而留级的情况则多半取决于教育制度的内部因素。"世界银行的洛克斯利则认为，"学习成绩不好是造成留级的重要因素，一旦学生的留级次数超过了规定限度，那么，该因素最终会导致学生辍学"。上述分析更多的是从学校教育系统内部因素入手。其实，造成辍学的因素既有学校教育系统内部的因素，如升级制度、教师、课程与教法、选择的标准等，也有外部因素，如个别差异、家庭的社会经济与文化水平等。学校课程如果落后于社会、个人的需求，就会让学生越来越失去学习的兴趣，产生厌学情绪。教师是热情还是冷漠，是幽默还是呆板，是具有献身精神还是厌倦教学工作等，都会对学生学习动机产生影响。而厌学情绪的产生往往是辍学的先兆。外部因素，如家庭经济困难、父母受教育的程度及其对学校教育的态度等也是造成学生辍学的因素，有时甚至是主要因素。因此，单靠学校教育系统内部的改进不可能根除辍学现象。

二、学校教育与实际工作相脱离

如果说留级和辍学现象主要产生于义务教育阶段，那么，学校教育与实际工作相脱离的现象则主要见于义务教育后的教育阶段，尤其是高等教育阶段。其结果是，一方面人才奇缺，另一方面人才过剩。前者使职位空缺得不到填补，造成物质资源的浪费，后者则是人力资源的浪费，而且与人才过剩相伴的失业现象会影响社会稳定。虽然失业问题靠教育不能完全解决，但学校教育与实际工作相联系有助于降低失业率。受过学校教育的人相当一部分找不到适当的工作，与提供职位的工作部门有关，也与学校教育的不适应性有关。这种不适应性既有专业结构的不合理，又有教育内容或课程设置得不恰当。因此，学校毕业生能否成功找到工作，成为衡量学校教育是否能满足社会多方面需求的标准。

学校毕业生失业或就业不足不仅对个人、对社会会产生不利影响，还会影响学校教育系统自身的发展。当劳动力市场上知识劳动者过剩时，往往就会发生委屈就业的现象。实际上，当大学毕业生未能找到与自己所学专业对口的工作时，为了自身的生存，他们便会从事一些资格要求更低的工作。这样，用人单位和雇主也会提高对空缺职位求职者的教育要求。由此就会产生两个具有同等破坏性的严重后果。"第一是未来的求职者为了力求就业成功，展开了一场无休止的学业文凭竞赛。除了消耗公共财力之外，还加剧了受教育机会和效果的不平等。第二，正式的教育资格证书在获取工作时至关重要，可是一旦得到了工作，它的用处就越来越小。"

近年来，我国大学毕业生出现的就业难问题，尽管原因很多，但从某种意义上讲，是学校教育脱离实际工作的结果，同样是教育资源的浪费。随着我国社会主义市场经济的发展，分配制度、用人制度改革力度的进一步加大，脱离实际工作的学校教育的后果越来越严重，没有合适的就业知识与技能是造成大学毕业生就业难的原因。因此，加强学校教育与实际工作部门之间的联系，是解决大学毕业生就业难，降低教育浪费的必要举措。

三、学校教育与实际生活相脱离

这个问题与学校教育脱离实际工作是密切相关的，某种意义上，学校教育脱离实际工作是学校教育脱离实际生活的一部分。杜威对这个问题给予了足够的重视，认为"一切浪费都是由于学校和现实隔离开来"，"学校的最大浪费是学生在学校中不能完全、自由地运用在校外所得的经验；同时，学生又不能把在学校里所学的东西应用于日常生活"。

对发展中国家来讲，学校教育脱离实际生活的情况在农村尤为严重。一般来说，学校教育要为当地经济发展与社会发展服务，可农村学校教育并不能适应大多数农村青年的学习需求和生活需要。他们在农村学校中学到的东西绝大部分是与城市生活环境有关的，农村学校教育与农村的实际生活之间的联系被隔断，结果是受过教育的人离开农村，而不是促使他们留在农村发展自己的家乡。于是，"教育农村化"的主张被提了出来。教育农村化最重要的方面是"用适合农村的课程替代明显的学术性和书卷气的教育。适合农村的课程会使学生对农村生活产生责任感，降低脱离农村的概率，并且能传授学生相当数量的、促进农村经济发展的农业知识"。但教育农村化可能会导致农村青年接受更高层次学校教育的机会低于城市青年。教育农村化也未必就能留住人才，"只要造成移民的结构条件继续存在，就不大可能扭转人口从农村向城市流动的趋势"。权衡利弊，在保证一定质量的基础上加强与生活实际的联系，增强学校教育的适应性，是减少教育投资浪费的正确方法。

除此之外，就我国的具体情况来看，学校教育脱离实际生活的主要因素包括以下几点。一是义务教育的应试教育模式、高中阶段的升学预备教育模式。我国的普通中小学因地制宜、因材施教不够，学校没有特色优势。在这种单一办学模式之下，可供学生选择的发展方向比较少，因此，学生毕业后就很难适应经济社会发展千变万化的要求。二是各类教育结构的失调和边缘不清，如职高、技校、中专在招生、学制、就业、待遇等方面界限不够明确。三是片面追求教育体系的完整，从而导致教育脱离实际，造成教育资源的浪费和利用效率的低下。

我国教育发展过程中存在资源浪费和利用效率低下的问题，其原因很多，但最深层次的原因是教育产权与职责的模糊。

（一）教育产权界定不清，导致资源利用效率低

产权一般被认为是财产权利的简称，也可理解为资源稀缺条件下人们使用资源的权利。产权界定清晰，保护合理，人们在具体的交易活动中就会支付较少的交易费用，或者说，人们在既定的产权安排下能够有效提高资源利用效率，反之，就会由于权利界定不清而产生低效率问题。教育部门虽然是非物质生产部门，但在为经济社会提供重要生产要素的同时，也需要消耗大量的资源，因此教育部门也存在资源利用效率的问题。资源是有限的，投入教育领域的资源

更为稀缺，因此我们必须明确界定教育产权，以实现对教育资源的排他性使用。只有如此，我们才能有效增加教育资源投入量，减少教育财产损失，降低教育的交易费用，提高教育资源利用效率，增加教育的供给，满足广大人民群众对教育的需求。

但众所周知，中国传统计划经济体制下的所有制结构以公有制为主。在这种情况下，作为人力资本专业化生产部门的教育部门，资金主要以政府财政拨款为主，建立了以统一集中计划管理和条块分割归属办学为基本特征的教育制度体系。在向市场经济体制转轨的过程中，私立民办教育快速发展，但公办教育仍占据绝对优势。在教育所有权和管理权的制度安排上，政府既是管理主体又是办学主体，通过行政系统划分归属权。而学校仅是政府生产部门的附属物，招生及入学考试、课程设置和教学规范由政府统一计划安排和管理，学校没有调配人、财、物等教育资源的自主权。政府的过度干预，使投资者、办学者、管理者与学校教职工各方在财产方面的责、权、利关系难以理顺，致使教育的供给与社会需要被迂回曲折、条块分割的行政性计划和组织系统阻隔而经常发生错位、脱节现象。

（二）教育部门缺乏动力机制，导致教育资源利用效率低

为了使教育高效运行，我们还必须构建有效的动力机制。那么，怎样才能构建这种动力机制呢？从产权经济学的角度来看，这种动力机制的形成是通过企业追求剩余索取权来实现的，因此，剩余索取权是为保证企业高效率运作而存在的。教育不等于经济，学校也不是企业，但在实际运行中肯定要存在各种变化的剩余索取权形式。因此，学校产权设计不能不考虑动力机制，只有存在一个有效的动力机制，学校才会成为一个灵活、高效、能适应社会快速变化的组织。长期以来，教育部门普遍被划为公共部门，教育产品也被简单地当作公共产品来对待。比如，公立学校由于是政府开办的公共部门，其非人力资本财产是公有的，政府既是学校的所有者、投资者，又是学校服务的消费者，自然就不存在剩余索取权问题。私立学校财产权的界定不明晰，财产的归属不明确，各种财产所有者的权利和责任界定不清，因此投资者是否可以得到回报、应得到什么样的回报、学校的利润归谁所有等问题没有明确的答案，因此也就谈不到剩余索取权问题。结果是教育部门所属的各级各类学校每年都培养了大批人才，产出了许多知识成果，而这些成果在投放社会以后，却没有使教育部门及各级各类学校得到回报或补偿。因此，教育部门及各级各类学校只有资源投入的责任，却没有产权的收益权；教育成果的享用只表现为收益的使用权，致使

教育部门缺乏自身的发展动力，收益几乎全部外在化了。

当然，这并不意味着教育部门及各级各类学校丧失了追求剩余索取权的动机，因为根据"经济人"人格假设，人总是在追求自身利益（包括主观效用）的最大化。这种"经济人"人格假设在教育领域同样适用，无论是作为教育管理部门的教育行政机构，还是作为教育服务提供者的各级各类学校，都希望获得回报。

（三）教育活动缺乏有效的约束和规范，导致教育资源利用效率低

产权客观上使财产的责、权、利有机统一起来，内生出一种基于自身利益需要的财产约束功能。同时，产权通过对财产实际占有主体进行定位，对其拥有的权限进行界定，有效地约束和规范行为人的经济活动，从而协调经济主体之间的行为，维护正常的经济社会秩序，而这个层次的产权就是产权经济学中的剩余控制权。对教育来说，剩余控制权也是极为重要的一类产权，因为教育投资与消费是一项风险高、不确定性高的交易。教育投资与消费存在许多无法通过合同规范的权益，存在许多"意外事件"，并由此产生许多纠纷。这些不确定事件最终的处置权属于谁，对教育投资与消费者来说是极为重要的。但长期以来，教育几乎完全被政府所垄断，这样就造成千篇一律、千校一面的结果。一方面各个学校都缺乏特色，不能适应不同主体的要求；另一方面，这些公立学校相互之间也缺乏竞争，自身既没有风险，更没有压力。在这种既无风险也没有压力的情况下，学校管理者只要完成上级下达的任务就能保住职位，教师只要不触犯法律法规就能稳端饭碗。这样一来，教育资源是否得到了合理配置和充分利用，教学质量是否达到了社会的要求就很难有人真正关心。在这种制度安排下，政府和学校双方都只能对教育的低效率采取忍耐和宽容的态度，各级各类学校教育的低效率不能及时得到治理和纠正，就必然蔓延下去，必然会影响教育资源利用效率的提高，加剧教育供求矛盾。

第三节　我国教育资源利用效率的提高策略

教育的低效率，主要是因为教育的权利与责任安排不合理，也是产权与职能的错位。所以，理顺教育产权关系，实现教育产权制度变革，是确立教育发展的新机制，提高教育资源利用效率的必要前提条件。

关于教育产权，随着我国经济体制、教育体制改革的不断深入，在教育界已有人做过探讨。例如，有人认为："教育产权就是拥有教育机构财产的权利，

即人们围绕特定的教育财产而结成的权利关系。""教育财产包括学校或其他教育机构的物质资料（硬财产），也包括教育机构在办学过程中的学校作风、教育特色以及由此形成的教学经验、教育思想，还有凝聚成的良好'名牌'、社会效应等'软教育财产'。"这种探讨是十分有益的，但这种理解大大限制了教育产权的范围，从概念角度看，这种理解基本上只涉及教育活动中的交易主体之一——学校，而对教育活动交易的其他主体——学生、家长、政府以及学校内部的教师、校长的产权根本没有涉及。一个完整的教育产权的界定应该是对教育活动中各个主体的权利界定，以及构建教育剩余索取权与教育剩余控制权的架构。

然而，教育产权虽然与企业产权有一定的共性，但教育领域毕竟不同于一般的社会经济生产领域，教育产品和财产也不完全等同于企业的产品和财产。因此，界定和运作教育产权必须考虑教育本身的性质和特点。教育作为经济社会发展的一个重要组成部分，是一种介于纯粹公共产品和纯粹私人产品之间的准公共产品。当然，将教育从整体上看作准公共产品，并不意味着教育是同质均匀分布的铁板一块，实际上，各级各类教育的性质有很大差异。

从教育的具体内容看，那些涉及全社会利益的教育，如基础性、普及性的教育，可以让所有社会成员从中受益，称为公共产品。而公共产品具有效用上的非排他性和利益上的非占有性，所以，作为社会的代表——国家和政府是这类教育的主要提供者，应承担其主要费用，家庭个人则主要承担一些个体性材料的开支。承担这一层次和类别教育的学校应是政府开办的公共部门，其非人力资本财产是公有的，为政府所控制。因此这一层次和类别的教育，应列为公共事业加以管理和发展。至于在义务教育阶段允许私人或民间资本开办高收费的学校，是因为大众在义务教育的需求与供给上，存在明显差别。从需求来说，有一部分家庭对教育质量和办学条件要求较高，一般学校满足不了；从供给来说，居民收入水平在市场经济条件下明显拉大，少数富裕家庭有条件支付较高的学费。高收费学校数量很少，不影响义务教育属于公共产品的性质。

对这类教育进行产权变革，主要是引入竞争机制，即通过不同的学校开办者、办学者之间的互相竞争，提高教育质量，使教育资源达到优化配置，从而提高教育经费的利用效率，如美国的公立学校私营管理、特许学校以及教育券便是有借鉴意义的例子。公立学校私营管理是由营利性的私营公司管理公立学校。教育券则是政府发给学生一定额度的有价证券，由他们自由选择学校。用于教育券的经费并不会增加公共教育经费的预算，只是把原先应拨给公立学校的经费转而交给学生直接支付给他们所选择的学校。这种手段能鼓励公立学校提高教育质量。特许学校是美国学校重构的重要形式之一，"是一种新型的公立学校，主要由公共教育经费支持，由教师团体、社区组织、企业集团或教师个人申请开办并管理，在相当程度上独立于学区的领导与管理之外。特许学校在享受相当自主权的同时须承担相应的责任，而办学者必须提出明确的办学目标并与地方教育当局签订合约。一旦学校不能履行其职责或达不到预先商定的目标，提供经费资助的政府有权中止合同"。创办特许学校的目的在于给予学生和家长更多的选择权利，在学校之间形成竞争的氛围，因此，与一般公立学校相比，特许学校在获得更大自主权的同时，也要承担更为明确的责任。对照这样的变革模式，我国应加强学校权力和教师权力。这种加强不仅是课程设置，还包括学校管理的各个方面。其目的是让学校和教师在"提供什么服务，怎样提供服务"的问题上具有决策权。由学校和教师对这些问题进行决策有利于改变学校过去较为僵化、对外界变化不敏感的问题。因此，我国这一层次教育产权配置问题的核心是如何给学校和教师以恰当的权力，以及这些权力如何在学校内得到理性的运用。

那些外部效应不强、属于学生本人受益的教育，如实用型、操作技能型的教育和职业技能培训，由于带有更多的私人性质，可将其称为私人产品。从经济学的角度来看，私人产品具有消费的独占性或排他性，即一个人享受了这种服务就排除了其他人享受这种服务的可能性。在付费方式方面，它是由消费者直接向供给者付费，遵循"一手交钱，二手交货"的市场原则。接受私人性质教育的学生因为具备了更复杂、更熟练的技能和更高层次的素质，从而能得到更多的个人发展机会。这类教育由于存在选择性、竞争性，因而具有较强的排他性，对获得相应人才的企业来说，也会获得较强的比较优势。所以，这类教育主要由劳动者个人和企业来承担相应费用，并按竞争性和经营性的思路发展。因此，在市场经济中，实用型、操作技能型的教育和培训必须面向市场，走进市场，适应市场，适应市场机制。这就要求这类教育必须实现产权多元化，即这类教育的办学体制应该具有多元性和灵活性。开办这类教育不应该由国家包揽，应该采取切实措施鼓励民办教育的发展，鼓励民间资金采取多种形式进入这一类教育领域，比如，"国有民办""民有国办""教育股份制""职教集团""教育园区""专业融资""中外合资""中外合作"等，都可以尝试。承担这类教育的各级各类教育机构必须拥有独立的产权。所谓"独立"的产权，是指这些教育机构应是特定产权的唯一主体，能独立行使其权利，获取相应的利益并承担相应的责任。我们应当允许承担这类教育的学校和机构有适当的利益回报，以调动社会各方办学的积极性。与此同时，在办学过程中，如果出现学校经营不善无法继续提供服务，或只能提供质量较差的服务，因而使消费者权益受损的情况，学校应承担责任。这种教育剩余索取权和剩余控制权的结合，能促使决策者尽可能做出好的决策，提高学校的资源利用效率。

还有一类教育，即那些主要负责培养高级尖端人才，担负抢占世界科技发展制高点重任的教育。因为与国家利益密切相关，所以这一类教育的经费应由国家财政负担，而且应有一定的政策倾斜，以确保其顺利发展。这是因为，这类教育主要负责国家重点人才的培养工作。能进入这一层次的人才，数量较少，他们要经过严格的考试选拔，并要取得相应的创新成果。他们的劳动成果主要体现在科技与制度的创新方面，这些关系着整个国家经济、社会、科学技术和教育的发展。所以，这一层次的教育受益主要体现为社会受益，并且更需要个人的牺牲精神和创新精神，他们的劳动付出不能简单地用时间来衡量。从这个角度来看，这类教育可视为公共产品。对这类教育进行的产权制度变革主要包括三个方面：一是政府应确定严格的标准，公开选拔认真负责的办学者，同时进行严格的评估和监察；二是政府应根据学校人力、物力、财力资源的利用效率，根据毕业生对劳动力市场和社会经济发展的适应程度，以及学校科技发展水平和社会效益进行拨款，激励办学者提高教育质量，降低办学成本，提高学校资源利用效率；三是打破垄断，承担高级尖端人才培养任务的学校和教育机构不应是垄断性服务，即这些学校和教育机构不能固定不变，一旦发现有些学校和教育机构名不副实，无法承担培养高级尖端人才的责任，政府就应减少或停止对其拨款，迫使这些学校和教育机构自觉规范自己的行为，提高教育质量。

总之，我国教育资源利用低效率问题的产生不是偶然的，有其必然性。正是因为我国教育在发展过程中存在一些缺陷，所以加快教育产权制度变革显得尤为重要。这种变革的最终目的是让学校成为灵活、高效，能快速适应外界变化的组织，以便学校提高教育资源的利用效率，提供使消费者满意的高质量服务。

第九章 教师劳动报酬与学生资助制度

第一节 教师劳动报酬

一、教师劳动的性质与特点

教师劳动是以人为对象的劳动，目的在于培养劳动者和各级各类专门人才。百年大计，教育为本；教育大计，教师为本。随着知识经济时代的到来，人们越来越重视教育的作用，而提升教育质量的关键是教师，教育改革成败的关键也是教师。教师在提高劳动者素质、培养劳动者职业技能、促进人的全面发展等方面发挥着极为重要的作用，具有不可替代的价值。因此，教师劳动的经济分析就成为教育经济学的重要研究课题。本章将从教师劳动的性质、特点入手，进而分析教师的劳动报酬、教师的供给和需求等。

教师劳动有广义和狭义之分。广义的教师劳动是教育教学人员、教育行政管理人员和教育服务人员劳动的总称。狭义的教师劳动特指专职从事教学科研活动的教师劳动，本章所讨论的教师劳动是狭义的教师劳动。

（一）教师劳动的性质

教师是传递人类科学文化知识和技能，对学生进行思想品德教育，把受教育者培养成为社会需要的人才的专业人员。教师是人才生产的主要承担者，担负着培养一代新人的重任，通过教育和训练实现劳动力的生产和再生产。教师劳动是一种特殊的劳动，与其他职业的劳动有所不同，其面对的生产对象是人，所以其本质是人与人之间相互影响、相互作用的过程。教师劳动的性质主要表现为以下几个方面。

1. 教师的劳动对象是人

随着社会和学校教育的不断发展，不同历史时期的教育形式和教育内容有所不同，但是教师的劳动对象始终是具有丰富思想、复杂情感和不同个性的学生。他们在教师的劳动中不是没有生命的自然材料，也不是没有思想的动植物，而是具有独立思想的人，所以教师劳动面对的每一个学生都是与众不同的。因此，当学生在教师的劳动过程中作为劳动对象出现时，他们一方面对自己和教师的关系有着清醒的认识，另一方面对学习和接受教育活动有着明确的态度和目的。他们是具有能动性的人，能够从自己的意愿出发，主动与教师联系，对教师的劳动进行干预，也能对自己的学习行为负责。面对学生这种特殊的劳动对象，教师不能像对待机器一样，依照程序按部就班地操作。相反，教师在劳动过程中，要了解学生群体和个体的身心特点，按照学生的身心发展规律因材施教，只有这样才能有效地培养学生。

2. 教师的劳动工具以人为载体

生产一般物质产品和精神产品的劳动者，在劳动过程中主要借助物质形态的劳动工具生产产品。而教师在劳动过程中，主要依靠的是自己积累的学科知识、教学经验以及个人修养等精神形态的东西，因此，教师的劳动工具主要是人类创造的社会科学和自然科学的优秀文化成果、思想道德和法律常识等。虽然教师劳动和其他的生产劳动一样，也需要借助教室、教材、教具等教学设备，但是教学辅助工具与教师自身具有的学科知识和教学技能相比，是次要的。教师具有的知识、技能和思想这些劳动工具并不是自然而然形成的，而是需要教师自身学习和掌握，并经过培训将其转化为教师职业所需要的劳动工具。因此，教师劳动工具的生成离不开教师自身的素质，教师的劳动工具以人为载体。

3. 教师的劳动产品是人

毋庸置疑，教师是按照一定的教育目的和方针对受教育者施加积极影响的人。尽管在不同的历史时期，教育目的的具体内容有所不同，但是核心都是通过教师劳动对受教育者实施正确的引导，使受教育者形成正确的价值观和良好的思想品德。简而言之，教师劳动的目的是培养符合国家和社会需要的各类人才。在一般生产劳动中，劳动产品以物质形态呈现，是可以被人们直接用来交换和消费的。劳动产品一旦生产出来，生产这一产品的具体劳动过程就结束了，劳动者对劳动产品就不再产生影响，而教师劳动的产品则完全不同。首先，教师劳动的产品是受教育者，不能被人们直接用来交换和消费。其次，其他的劳动产品被生产出来后，其价值不断被消耗磨损，而教师劳动的产品是人，即使从学校毕业后，受教育者也能根据环境需要不断进行自我教育，完善和发展自己。因此，教师劳动对受教育者产生的影响是巨大的，它能够帮助受教育者学会学习方法，养成自主学习的意识，这些影响在受教育者毕业后不仅不会消失，还会持续地产生影响。因此，教师劳动产品的特殊性要求教师必须比其他劳动者有更强的事业心和责任感，避免在劳动过程中对受教育者产生消极影响，造成终生遗憾。

（二）教师劳动的特点

1.迟效性与长效性统一

物质生产劳动可以通过产品很快见到劳动的效果，而教师劳动则不同，不能在短时间内见效。教师的工作除了传道、授业、解惑之外，还对受教育者的身心施加影响，促进学生的身心健康发展。然而，受教育者只有等到进入社会之后，教师劳动的效果才逐步显现出来，这一过程往往需要一个较长的周期，正可谓"十年树木，百年树人"。此外，教师劳动的效用是持久的。物质产品会随着使用时间的延长而逐渐损耗，价值和使用价值逐渐消失。与之相反，受教育者从教师身上学到的思想、观念和技能会随着实践经验的积累逐渐增值，智力和能力的发展会更加成熟，思想和认识会更加深刻。总之，受教育者的智力、道德品质和劳动技能在他的一生中都会发生作用。所以，教师劳动具有长效性。

2.个体性与协作性统一

教师劳动属于体力劳动和脑力劳动的结合，不论何种性质的劳动，教学的工作都需要教师本人承担，具有较强的个体劳动特点。虽然教师可以从书本和前期的师范教育中学习教学经验，但是真正走上工作岗位后，备课中的钻研教材、批改作业、辅导学生等工作都必须由教师个人进行摸索、总结。只有经过较长时间的独立探索，才能真正成长为一名合格的教师。同时，教师的工作又具有协作的性质，一方面是教师与学生的协作，另一方面是教师的集体协作。学生是具有主观能动性、有思想、有情感的生命个体，他们不会完全听从教师的指挥。教师只有学会与学生协作，才能真正维持好教学秩序，保证日常教学有序进行。如果教师不懂得与学生协作，不了解不同阶段的学生的身心发展特点，教学就会变成知识的灌输。此外，教师劳动的协作性还包括与其他教师的合作。在我国，教研室是一个需要教师协作的组织。在各种教研室的活动中，教师需要互相配合、互相协作，集思广益，共同推动教学质量的提升。因此，高质量的教学要求教师既要在个人努力的基础上形成自己的风格，又要与其他教师集体协作，共同履行教育人、培养人的职责。

3. 复杂性与创造性统一

教师劳动是一种既复杂又富于创造性的劳动。教师劳动的复杂性主要是因为教育对象和教学内容具有复杂性。教学对象即受教育者具有不同的个性、思想，他们有很强的个体差异性和主观能动性。虽然在课堂教学中教师很难做到因材施教，但是在课后辅导时，每一个学生的家庭背景、智力水平都不相同，教师应针对每一个学生的具体情况制定指导方法。教师劳动的复杂性主要是因为教育对象具有复杂性，这要求教师要了解不同学生的个性特点，做到因材施教。同时，教师的劳动又具有创造性。

二、我国的教师工资制度

（一）我国教师工资制度的历史变迁

教师劳动作为社会劳动的一个重要组成部分，既有与其他社会劳动相似的共同点，又具有自身职业的特点，即通过教育和训练实现劳动力的生产和再生产。因此，我们在确定教师的薪酬即教师的工资时，既要遵循社会劳动的一般取酬原则，又要反映教师劳动的特点。所以，了解我国教师工资制度变迁的历史，明确教师工资水平制定的原则，对于研究和改进我国的教师工资制度具有重要意义。

教师工资制度是一个国家工资制度的重要组成部分。因此，研究教师工资制度的形成不能脱离国家工资制度的形成。工资制度是一个国家社会政治经济制度的重要组成部分，也是一个国家国民收入再分配政策的具体体现。不同社会制度的国家有不同性质的工资制度。我国的工资制度是社会主义国家为实现按劳分配而制定的劳动分配制度，它包括各行各业、各种工作和职务、工资等级、工资标准、工资形式以及其他有关工资的规定。

1951 年，我国政府在对原有工资制度充分研究、分析、比较的基础上，进行了必要的改革，形成了新中国第一套工资制度。1956 年我国在普遍提高工资的基础上，进行了新中国成立后的第一次工资改革，规定了工矿企业实行八级技术等级工资制度，国家机关、包括各级各类公办学校在内的事业单位实行职务和技术等级工资制度。1956 年制定的工资制度，曾经对发展社会生产力，调动广大机关干部、工矿企业职工、教职工和所有知识分子的积极性、创造性起过重要作用。1985 年，我国政府根据党的十二届三中全会关于经济体制改革的决定精神及按劳分配的原则，从国家财力的现实情况出发，对国家机关和包括各级各类学校在内的事业单位的工资制度进行了第二次改革。这次工资制度改革后，包括教师在内的事业单位工作人员均实行了以职务工资为主的结构工资制。这次工资改革在当时起到了积极的作用，但由于国家过分强调工资标准的统一性，因此也存在一些弊端：第一，抹杀了教育的特殊性和教师劳动的特点；第二，不能正确反映教师的劳动价值。为此，根据党的十三届七中全会和十四大关于事业单位要逐步建立符合自身特点的工资制度的要求，在调查研究和总结以往工资制度改革经验的基础上，1993 年国务院制定了事业单位工作人员工资制度改革方案。这次工资制度改革根据事业单位工作特点的不同，针对教育、科研等事业单位的专业技术人员工作性质接近，其水平、能力、责任和贡献主要通过专业技术职务来体现的特点，实行专业技术职务等级工资制。

经过教师工资制度及教师工资标准的不断改革和调整，伴随着我国经济的快速发展与教师社会地位的进一步提高，我国教师的工资有了明显的增长。

（二）我国现行的教师工资制度

我国现行的工资制度是依据人事部和财政部《关于印发〈事业单位工作人员收入分配制度改革方案〉的通知》（国人部发〔2006〕56 号）确定的。随后，人事部、财政部、教育部又发布了《关于印发〈高等学校、中小学、中等职业学校贯彻《事业单位工作人员收入分配制度改革方案》三个实施意见〉的通知》（国人部发〔2006〕113 号），进一步规范了包括教师岗位绩效工资在内的工资制度的实施办法。

1. 中小学教师工资制度

现行的中小学教师岗位绩效工资由岗位工资、薪级工资、绩效工资和津贴补贴四部分组成。

（1）岗位工资

中小学教师的专业技术岗位设置从第 5 级到第 13 级共 9 个等级，中小学根据现行教师职务制度和国家关于岗位设置的有关规定，设置教师岗位。在完成教师岗位设置并经核准后，教师按聘用岗位执行相应的岗位工资标准。中小学教师岗位工资按以下办法执行：聘为中学高级教师及相当专业技术职员的人员，执行 7 级岗位工资标准；聘为中学一级教师、小学高级教师及相当专业技术职务的人员，执行 10 级岗位工资标准；聘为中学二级教师、小学一级教师及相当专业技术职务的人员，执行 12 级岗位工资标准；聘为中学三级教师、小学二级教师及相当专业技术职务的人员，执行 13 级岗位工资标准。

（2）薪级工资

薪级工资主要体现教师的工作表现和资历，设置为 65 个等级，每个薪级对应一个工资标准。中小学教师根据工作表现、资历和所聘岗位等因素确定薪级，执行相应的薪级工资。被授予省部级以上劳动模范和先进工作者等荣誉称号，且 1993 年工资制度改革以来按国家规定高定了工资档次并仍保持荣誉的人员，以及由人事部选拔的有突出贡献的中青年科学、技术、管理专家，可在本人套改工资的基础上适当高定薪级工资。教师的起点薪级分别为中学高级教师岗位 5—7 级，薪级 16 级；中学一级教师和小学高级教师岗位 8—10 级，薪级 9 级；中学二级教师和小学一级教师岗位 11—12 级，薪级 5 级；中学三级教师和小学二级教师岗位 13 级，薪级 1 级。

（3）绩效工资

中小学实行绩效工资后，取消现行年终一次性奖金，将一个月基本工资的额度以及地区附加津贴纳入绩效工资。在事业单位新的分类办法和地区附加津贴制度出台前，中小学绩效工资总量暂按工作人员上年度十二月份基本工资额度和规范后的津贴补贴核定。目前暂按现行工资管理办法核定，其中实施义务教育经费保障机制改革的地区，应将当地出台的教师应享受的津贴项目纳入绩效工资核定范围内。

（4）津贴补贴

津贴补贴总共分为两种：艰苦边远地区津贴和特殊岗位津贴补贴。

①艰苦边远地区津贴。主要是根据自然地理环境、社会发展等方面的差异，国家对在艰苦边远地区工作生活的工作人员给予适当补偿。2001 年 2 月 8 日，人事部、财政部《关于实施艰苦边远地区津贴的方案》出台，实行艰苦边远地区津贴，所需经费由中央财政负担。

②特殊岗位津贴补贴。中小学教师特殊岗位津贴补贴主要包括：教师教龄补贴、特殊教育学校教职工津贴、班主任津贴、特级教师津贴、工读学校补贴。

教师教龄补贴。我国的教师教龄补贴制度具体内容如下：教龄满 5 年不满 10 年的，每月 3 元；满 10 年不满 15 年的，每月 5 元；满 15 年不满 20 年的，每月 7 元；满 20 年以上的，每月 10 元。从事教师工作满 20 年，因工作需要，经领导批准调离教师工作岗位，仍在学校从事教育工作的人员，以及从事教师工作不满 20 年，调任学校行政工作并继续兼课的人员，也可以享受教龄津贴。

特殊教育学校教职工津贴。特殊教育是对生理缺陷儿童和问题儿童的教育。2001 年 11 月 27 日国务院办公厅转发教育部等部门《关于"十五"期间进一步推进特殊教育改革和发展意见的通知》（国办发〔2001〕92 号）中第 12 条规定：

各地人民政府要保证特殊教育教职工的工资和特殊教育津贴按时足额发放，有条件的地方可根据本地实际，积极改善特殊教育学校教职工的生活水平。接受残疾儿童少年入学的普通学校，在搞活单位内部分配时，应对主要承担残疾儿童少年教育任务的教师给予倾斜。

班主任津贴。目前我国大部分地区执行的班主任津贴标准是，按班级人数分别为中学 10 元、12 元、14 元；小学 8 元、10 元、12 元。

特级教师津贴。"特级教师"荣誉称号是中小学教师的最高荣誉，主要用来表彰中小学教育岗位上的突出贡献者，现行的特级教师津贴标准为每月 300 元 / 人，具体津贴数额因各省、自治区、直辖市的情况不同而有差别。

工读学校补贴。我国工读学校教职工享受工读学校岗位津贴，具体标准由各省、自治区、直辖市教育部门协同劳动、财政部门，从各地区实际情况出发提出意见，报请省、自治区、直辖市人民政府批准。

2. 高校教师工资制度

我国现行的高校教师工资制度是以国家工资制度为核心的多元结构工资制，主要包括国家工资、地方津贴补贴、校内岗位津贴和福利四部分。

（1）国家工资

党的十四大明确提出"建立以按劳分配为主体，多种分配方式并存的社会主义分配制度"。我国现行的高校教师工资制度就是在此基础上建立的职务等级工资制，资金的主要来源是财政拨款，按国家统一规定的标准发放。在工资构成中，职务等级工资为固定部分，占 70%，主要由职称和工作年限决定；津贴部分为浮动部分，占 30%，主要通过专业技术人员的实际工作数量、质量和管理人员的岗位及目标情况来确定。

（2）地方津贴、补贴

地方津贴、补贴也类似于国家工资，这部分经费主要来自地方政府拨款和学校自筹的配套经费，按地方政府统一制定的标准发放。其中包括福利性补贴纳入工资后的保留部分，也包括工资制度改革后地方政府出台政策实行的各种津贴、补贴。

（3）校内岗位津贴

校内岗位津贴是指由学校制定政策并自筹资金发放的津贴，其经费主要来自学校创收，教师个人津贴的多少则主要取决于职称和绩效考核结果，各高校内津贴的额度和分配办法差别很大，它是高校自行出台政策和自筹经费实施的各种津贴的总称，其中最具代表性的是现行的岗位津贴制度。岗位津贴制度的实施，使高校教师的工资收入得到了提高。它作为国家工资政策的有益补充，对高校吸引和稳定人才起了一定作用。

（4）福利

目前的福利主要指住房公积金和住房补贴等，在整个工资结构中所占比例较小。

当前我国高校的工资制度主要有以下三种模式：以职位为中心的工资模式、以能力为中心的工资模式和以业绩为中心的工资模式。目前在高校中覆盖面最广、应用最广泛的是以职位为中心的工资模式，其突出的功能是保障功能；以能力为中心的工资模式覆盖面有限，仅仅限于高校中聘请的院士、特聘教授、长江学者等；以业绩为中心的工资模式能给青年教师公平获取报酬的机会，但由于绩效评估机制还不完善，所以业绩工资模式的激励作用有限。

（三）我国现行教师工资制度中的问题

随着国家对教育事业重视程度的不断提高，教师社会地位和经济地位的日益提高，教师的工资以及福利待遇也在不断提升。新的教师工资制度实施以后，大多数教师的工资水平和生活条件有了很大提高，但是，由于我国当前的教师工资制度还处在不断完善之中，再加上一些条件的限制，所以仍然存在一些问题。

1. 教师工资整体水平较低

我国教师工资水平较低的主要表现之一，就是教师工资水平低于其他行业中同等学力者的平均工资水平。近年来，我们实行了教师职称改革，工资同所聘职务挂钩。但由于职务聘任制尚不完善，仍然没有很好地解决学校教师工资的动态增长问题，从总体上来看，我国教师的工资水平仍然较低。

2. 教师工资水平差距较大

教师群体之间工资水平差距较大也是现行教师工资制度存在的问题之一，这是由我国特有的国情决定的。首先，重点学校与一般学校、薄弱学校之间教师工资水平差距较大。重点学校、一般学校和薄弱学校之间的教育资源配置不平衡，加之教师收入中又有一大部分来源于学校自筹资金，造成了重点学校和非重点学校教师劳动报酬存在很大差距。其次，城市教师和乡村教师之间工资水平差距较大。经济发展水平制约着教育的发展水平，同样也影响教师的工资水平。乡村教师的工资水平普遍低于城市教师，同级同类的乡村教师和城市教师的年收入可能相差几万元。

3. 拖欠教师工资的现象依然存在

从目前的情况来看，教师工资基本由各级政府统筹管理，但是拖欠教师工资的现象仍然存在。《国务院办公厅关于采取有力措施迅速解决拖欠教师工资问题的通知》指出："近几年，特别是去年以来，不少地区民办教师工资拖欠有增无减，公办教师工资拖欠也大面积出现，问题相当严重。拖欠教师工资，严重影响教师生计，挫伤广大教师的工作积极性，影响教师队伍的稳定，广大教师反映十分强烈，社会各界对此也极为关注。"1997 年 8 月，《国务院办公厅关于保障教师工资按时发放有关问题的通知》指出："以'数额大、范围广、时间长'为特征的拖欠教师工资的严峻形势一度得到一定程度遏止。但是，目前许多地区又出现了新的拖欠，并且出现了教师工资'拖欠又克扣'等新问题。"近年来，虽然拖欠教师工资的情况得到了一定的改善，但是在个别地区拖欠教师工资的现象还时有发生。拖欠教师工资现象的存在，说明现行工资制度的实行缺乏稳定的财政支撑，使现行制度的目标不能全面实现。

第二节　学生资助制度

一、学生资助制度概述

（一）学生资助的含义

所谓资助，就是以财务来帮助。从狭义上讲，学生资助就是指各国政府为了保证各类学生尤其是接受高等教育的学生，顺利接受教育而实施的一系列财政资助政策。从广义上讲，学生资助既包括政府部门提供的财政支持，也包括社会其他机构为受教育者提供的各种经济上的帮助。学生资助通常表现为经济上的支持，而非道义上的支持和精神性的鼓励，即资助者为学生提供的是可用货币计量的财和物。从理想意义上讲，学生资助制度的对象是全体学生，但是由于各级各类教育的成本有所不同，相对而言，教育层次越高，教育成本就越高，学生个人及家庭对于资助的渴望就越强烈，因此高等教育的受教育者是教育资助制度的主要对象。我国区域经济发展不平衡，中西部经济欠发达地区的贫困家庭的学生需要资助来完成学业。在不同的国家，由于国情不同、经济发展水平不同，学生资助制度的对象和形式也有所差异。

（二）学生资助的形式

学生资助形式按不同的标准有不同的分类方法。笔者将学生资助分为直接资助和间接资助。所谓直接资助是指向学生个人提供用于缴纳学费和维持生活的费用；间接资助是指通过一些优惠和特殊措施使学生受益。

直接资助又包括以下几种形式：①面向全体学生无条件地发放助学金，用于支付学费或生活费；②向学业成绩优秀的学生发放奖学金；③向经济困难的学生发放助学金；④设置专业奖学金或定向奖学金，获奖学生毕业后必须按照政府或未来雇主的要求在选定的职业领域工作一段时间；⑤由公共资金向学生提供低息或无息贷款，须偿还；⑥由商业银行或其他机构向学生提供政府予以担保的贷款，通常低于市场利率。间接资助包括以下三种：①向学生提供特别就业工作项目，使他们从中获得报酬；②提供食宿及交通优惠；③减免学生的费用。

（三）学生资助的经费来源

从广义上讲，学生资助的经费来源有政府公共资金、大学出资、工商企业出资、宗教及慈善机构的捐赠、个人捐款以及国际机构或多边机构资助等。其中，政府是最主要的资助者，强大的经费保障能力使政府成为学生资助来源的主体。从形式上看，政府可以通过各种形式向学生提供资助，如设立各种奖学金、助学金、贷学金；也可以通过降低学费、价格补贴以及减免费用等间接向学生提供资助。

除了政府，学校作为学生的直接管理者，也在学生的日常生活学习中发挥着重要作用。学校需要从收取的学费中或日常的运行经费中划拨出一部分，设立各种形式的奖助学金以及提供一系列的勤工助学岗位，对学生进行资助。一般而言，经费比较充足的学校更加重视对学生的资助。

社会中的工商企业也是学生资助经费的重要来源之一。很多企业出于塑造自身形象的目的或者基于与学校之间的合作关系，会在学校出资设立各种形式的奖助学金，还有的企业向学生提供贷学金资助服务。

慈善机构、国际多边机构及个人出于慈善或者教育公平的目的向学生提供资助。在我国，随着社会经济的发展和人们思想的进步，民间资金的不断充实，促使慈善事业不断发展，因此，来自慈善机构的经费逐渐增多。

（四）学生资助制度的作用

从古至今，教育都是一项需要消耗资本的事业。从古代的"束脩以上"到现代的交学费入学，加上学生求学放弃的机会成本，人们为接受教育而付出的代价越来越高。家庭背景殷实的学生不会受学费的困扰，而家境贫寒的学生则可能因高昂的学费放弃接受教育的机会，这是国家和社会的损失，同时还会影响社会的稳定。因此，实施学生资助制度具有十分重要的意义和作用。

第一，实施学生资助制度有助于国家培养人才，特别是高层次精英人才，有利于提升国家的整体竞争力。

教育最根本的作用和目的是为国家和社会培养具备一定知识和水平的各种人才和劳动者。因此，教育是提高生产力、促进经济增长、增强国力的前提和基础。国家和社会各方面通过在学校设立助学金、奖学金、贷学金或其他的补助金对学生进行资助，不仅学生及其家庭会受益，更有利于国家培养人才目标的实现。在我国，基础教育阶段已实行义务教育，免除了学费，而高等教育的成本最高，由此带来的家庭负担也最大，但是高等教育担负着培养高层次精英人才的重任，所以，学生资助制度一般以高等院校学生为主要资助对象。

第二，实施学生资助制度有助于改善学生的学习条件，调动学生的学习积极性，提高教育质量。

毋庸置疑，学生资助制度以财务的形式帮助学生，能够有效改善学生的学习条件，特别是贫困学生的学习条件，为他们创造学习机会。高昂的学费让贫困学生经济拮据，求学压力巨大，从而使他们在与其他同学竞争时处于劣势。学生资助制度对贫困学生进行经济援助，在一定程度上缓解他们的经济压力，改善他们的学习条件，有利于公平竞争的实现。尽管学生资助在理论上可以面对所有的学生，但是在现实条件下，经费有限，只能面对特定的对象。学校筛选具备某一资格的优秀学生，对其进行资助，既能调动学生的学习积极性，又能保证资助经费的有效利用。例如，奖学金制度针对学习成绩优异的学生，因此，学生为了争取奖学金必须努力学习，获得好的名次才有申请资助的资格。学生贷款制度能使学生在适度的经济压力下完成求学的心愿，勤工助学也有利于锻炼学生的实践能力，促使学生更加珍惜学习时间，提高学习效率。适当资助学生，有利于培养学生勇于进取的竞争精神，改善他们的学习条件，保证他们的学习生涯顺利完成，有助于教育质量的提高和教育目标的实现。

第三，实施学生资助制度有利于国家根据发展的需要适时对教育规模、结构和发展方向进行调控。

学生资助作为一种经济手段能够对教育进行有效的宏观调控。国家通过增加或减少学生资助金额能够在一定程度上调整教育的规模、结构与发展方向。国家通过各种形式的资助，如免除学费等来刺激某些冷门专业或急需专业的发展，这样能够快速解决某些特殊专业人才短缺问题。例如，2007年5月国务院决定在教育部直属师范大学实行免费师范生教育。从2007年秋季入学的新生起，在北京师范大学、华东师范大学、东北师范大学、华中师范大学、陕西师范大学和西南大学六所部属师范大学实行师范生免费教育。国家通过部属师范大学的试点，积累经验，建立制度，为培养造就大批优秀教师和教育家奠定了基础。其具体措施包括：一是由中央财政负担免费师范生在校期间的学费、住宿费，并发放生活补贴；二是在相关省级政府统筹下，由省级教育行政部门落实免费师范生的教师岗位，免费师范生四年毕业以后必须到中小学任教，每一位免费师范生都有编有岗；三是免费师范生在协议规定的服务期内可以在学校之间进行流动，有到教育管理岗位工作的机会；四是为免费师范生继续深造提供保障，免费师范生经考核符合要求的，学校可以录取他们为教育硕士研究生，可以在职学习专业课程。

第四，实施学生资助制度有利于保障教育机会均等，促进社会公平，缩小贫富差距，维持社会稳定。

教育机会均等是指使来自不同社会地位和出身的人都获得平等接受教育的机会。许多来自贫困家庭的学生因为经济原因，无法接受高等教育，因此在就业时也无法与大学毕业生竞争，只能从事起点较低的工作，长此以往，他们会失去更多改变命运、摆脱贫穷的机会。在这种情况下，建立学生资助制度，通过各种形式的贷款、奖学金可以帮助一部分家庭贫困的学生获得求学深造的机会，使他们享有接受高等教育的机会。中国自古就有"学而优则仕"的传统，从古代的科举到今天的高考，都是通过扩大教育机会，使学生获得文凭，获得改变自己命运的机会。所以，学生资助制度不仅仅能促进教育公平的实现，更能缩小贫富差距，促进整个社会的公平与稳定。

二、学生助学贷款中的问题

（一）不贫装贫

一些家庭条件并不困难的学生看到学校对贫困学生提供"绿色通道"和助学帮助，心理失衡。为了享受贷款，这些学生隐瞒家庭真实情况，出具虚假的家庭经济困难证明，不贫装贫。

（二）贫却不贷

一部分家庭贫困的学生由于自尊心强，不愿因贷款被同学"瞧不起"，宁愿拖欠学费也不贷款交费；还有一部分家庭极其贫困的学生，由当前就业的压力想到毕业后还款的困难程度，对贷款不抱积极乐观的态度。

（三）贷却不还

目前，有媒体报道学生在毕业前夕时随意填写还款确认书、撕毁协议书，使银行和学校在他们毕业后找不到人。某银行在贷款学生毕业后，找不到学生去向的比例高达45%。学生助学贷款中存在着严重的恶意逃债现象。

（四）挪作他用

有少数贷款学生获得贷款后不能正确使用贷款，而挪作他用，消费相对奢侈。一部分学生利用贷款从事商业活动、开店甚至炒股等。

三、学生资助制度的形成和发展

（一）外国学生资助制度的形成和发展

学生资助制度成为世界各国普遍重视的一项教育政策。随着社会经济的快速发展以及对各级各类人才和劳动力需求的增长，人们越来越重视学生资助制度在造就人才和发展教育方面的作用，并不断探讨如何向学生提供资助，建立怎样的资助制度更为合理有效。

1. 起步期（12世纪—19世纪）

国外对大学生实行资助究竟起源于何时，尚无资料可证实，但可以确定的是学生资助与大学的发展同步。在12世纪—19世纪，由于欧洲的大学突破了社会对教育的垄断，实行大学自治，入学方面没有太多限制，导致游学风气盛行。为了资助那些并不富裕的青年学生外出游学，君主和慈善机构不仅为学生修建校舍，还向学生提供伙食资助。

纵观这一时期的学生资助，资助来源主要是君主和慈善机构，学生资助活动尚处于起步阶段，并未形成固定的资助主体。在这一时期，高等教育也处于起步阶段，接受高等教育的学生仍旧是少数，资助方式主要为提供伙食和校舍。

2. 形成期（20世纪初—20世纪50年代）

在20世纪之前，由于接受高等教育的学生很少，所以学生资助活动并未受到重视。随着教育在国家经济社会发展中作用的增强，国家公款资助学生之风逐渐兴起。同时，社会有识之士也呼吁政府用公款资助学生，促进国家的发展。

在美国，1913年纽约州率先确立了奖学金制度。英国学生资助制度的确立主要是因为双轨制的学制模式越来越影响来自下层社会的学生的教育诉求，进而影响社会公平。1902年，英国颁布法令设立奖学金制度，规定16～18岁的青少年通过"一般水平"和"高级水平"的普通教育证书考试后，便可获得奖学金进入高等学校。

在这一时期，国家开始重视利用学生资助的形式帮助那些优秀的、家庭贫困的学生继续接受教育，消除经济障碍。学生资助制度的资金主要来自国家的财政。应该看到，虽然学生资助制度已经初步形成并且在某些国家已经变成法律，但是这一时期学生资助制度仍不够完善，资助规模、力度和形式等方面都有待完善。

3. 成熟期（20世纪60年代至今）

20世纪60年代到20世纪70年代，世界经济进入了高速增长的黄金时代。随着经济的发展，人们对未来社会的发展充满希望，由此形成了"福利国家主义"和作为现代福利国家象征的积极的教育政策，包括福利色彩浓厚的学生资助政策，美、英、法等发达国家充分调整了各自的学生资助政策。总体来看，当前国外比较成熟的学生资助模式主要有以下几种。

（1）供给型学生资助模式

实行供给型学生资助模式的国家主要有英国、法国以及其他一些国家。供给型学生资助模式主要以奖学金和助学金的模式为主，奖金金额视学生的家庭经济情况而定。供给型学生资助模式最大的特点是学生所获资助无须偿还，具有法定性、强制性，政府及相关部门必须依法支持。供给型学生资助模式试图满足所有学生的教育需求以及社会经济对人力资源的需要，促进教育机会均等和社会公平。

（2）借贷型学生资助模式

实行借贷型学生资助模式的国家主要有哥伦比亚和一些拉美国家等。借贷型学生资助模式通过教育成本分担的方式缓解学生的经济压力。虽然不能承担学生的全部费用，但是学生贷款作为一种费用回收机制，既能保证学生学业的顺利完成，又能减轻国家的财政压力。

（3）混合型学生资助模式

混合型学生资助模式同时采取多种资助形式，既有无须学生承担任何费用的奖学金制度、助学金制度，也有延缓学生缴纳学费的学生贷款制度等。美国、加拿大、瑞典等国家主要采取这种模式。

纵观这一时期的学生资助制度，我们可以发现，随着教育规模的扩张和教育作用的发挥,国家加大了对学生的资助力度,形成了多元化的资助模式。同时,学生资助制度逐渐成熟和规范,能够适应教育的发展速度与规模,也能够促进经济的发展。

自20世纪70年代以后,各个国家都意识到了教育对于促进经济发展的重要性,开始加大对教育的投资力度,高等教育的规模逐渐扩大。在这种背景下,高等教育的快速发展带来了教育资金短缺的问题,教育投资供给不足与高等教育扩张的矛盾日益突出。因此,从20世纪70年代开始,越来越多的国家开始采取贷款的资助形式。目前,世界上有50多个国家采用学生贷款资助形式,原来推行供给型学生资助形式的国家也开始推行贷款制度,学生贷款成为最重要的学生资助形式。

(二)我国学生资助制度的形成和发展

事实上,我国的学生资助制度由来已久。历史上靠政府拨款的书院、国子监在资助制度上大都采取"教养合一"的办学模式。新中国成立后,我国日益重视对贫困学生的资助。总体上看,我国的学生资助制度大体上经历了人民助学金制度(20世纪50年代—20世纪80年代初)、人民助学金与人民奖学金制度并存(1983—1986年)、奖学金与贷学金制度并存(1986—1999年)、混合资助模式(1999年至今)的演变过程。现在来分析我国不同历史时期的学生资助制度。

1. 人民助学金制度

助学金是一种对家庭经济困难的学生进行资助的方式。它主要以家庭收入为标准进行发放。在我国,人民助学金是国家对高等学校、中等专业学校、技工学校和普通中学学生生活费和学费的补助,由国家预算中教育事业费及其他各部门的事业费拨付,学校根据有关规定向学生无偿发放。此外,人民助学金采取"自报公议、民主评定"的方法发放。1977年教育部、财政部印发的《关于普通高等学校、中等专业学校和技工学校学生实行人民资助制度的办法》的第三条规定指出:"人民助学金的评定,要依靠群众,走群众路线。要求享受人民助学金的学生(包括伙食费和定期困难补助)应于入学后提出申请,由班级民主评议,由系审查,学校批准,按月发给。学校对批准享受伙食费和定期困难补助的学生要每年复审一次。"

人民助学金的经费由学校按照国家规定的标准、比例和学生人数计算编列预算,报学校主管部门核定,由国家财政拨款。当年度的人民助学金必须保证用于学生伙食和解决学生本人的学习、生活困难的补助,不能挪作他用。对于瞒报家庭经常性收入、虚报赡养人口的学生，学校要进行批评教育，按照具体情况责令其退回多领的人民助学金，降低享受标准或取消其享受助学金资格；对于严重作伪者，坚决取消其享受一般学生人民助学金的资格，并视情节轻重严肃处理。享受学生人民助学金的学生，在学习期间违反校规校纪，经过教育帮助仍旧没有改进的，学校可以取消其享受的部分或全部人民助学金。

我国"免学费加人民助学金"的学生资助政策实施了约30年，经过三次重大的调整，最终形成了涵盖高校学生资助各个领域的整体框架。人民助学金制度的实施与确立与当时的历史条件有密切联系。人民助学金制度在历史中发挥了积极作用，在促进高等教育发展，特别是帮助贫困家庭子女享受高等教育方面做出了重要贡献。

2. 人民助学金与人民奖学金制度并存

虽然人民助学金制度能够扩大高等教育规模，为贫困学生提供教育机会，但是其弊端也很明显。人民助学金的涵盖范围过于广泛，不仅加重了国家的财政负担，还助长了学生依赖国家的思想。因此，为了克服人民助学金制度中的弊端，1983年7月11日国家发布了《普通高等学校本、专科学生人民助学金暂行办法》与《普通高等学校本、专科学生人民奖学金试行办法》两个文件，主要内容是将原来面向75%的非师范学生发放的人民助学金降为面向60%的学生发放，同时设立人民奖学金，对学生的助学金补助逐步改为以奖学金为主。于是，我国开始对高等学校各级各类学生实行人民助学金与人民奖学金并存的制度。

从1983年秋季入学的新生开始，凡是连续学习时间满一年以上的普通高等学校和中等专业学校学生，可以申请人民奖学金，其条件是：①热爱社会主义祖国，拥护中国共产党的领导，立志为社会主义事业服务，道德品质优良，模范执行大学生守则和学校有关规章制度；②热爱所学专业，勤奋学习，学业成绩优秀；③积极参加社会工作、体育锻炼、文艺活动。1983年享受人民奖学金的人数占高等学校和专科学校学生总人数的10%～15%。国家拨发年生均资助经费为158.40元，其中105元仍用于人民助学金，约占总额的66.3%，而用于试行的人民奖学金为15元，仅占总额的9.5%，其余的为困难补助（9.5%）、校系集体活动（12.2%）等。人民奖学金标准由各省、市、自治区制定，可以分为几个等级，每个等级的金额应有所区别。奖学金按年评定，分学期发放。获奖学生如有违反校规校纪或发生道德品质方面的问题，将停止对其发放人民奖学金。

3. 奖学金与贷学金制度并存

1987 年 7 月，国家提出高等学校资助改革报告，并根据国务院精神正式发布了《普通高等学校本、专科学生实行奖学金制度的办法》和《普通高等学校本、专科学生实行贷款制度的办法》，并决定在 1987 年入学的本科高等院校的新生中全面实行，要求学校建立学生奖学金和学生贷款基金制度，其来源是从主管部门拨给高等院校的经费中，按原助学金标准计算总额的 80% ～ 85% 转入奖贷基金账户。奖学金分为三类：一是优秀奖学金，二是专业奖学金，三是定向奖学金。优秀奖学金用于奖励德、智、体、美全面发展的优秀学生；专业奖学金用于奖励考入师范、农林、体育等专业的学生；定向奖学金用于立志毕业后到边疆、经济困难地区和艰苦行业工作的学生。学生贷款主要是为了帮助部分确有经济困难、不能部分或全部解决在校学习期间费用的学生。学生贷款的发放和催还等全部管理工作由学校负责，而贷款的偿还由学生在毕业前一次或分次还清，或由学生毕业后所在的工作单位将全部贷款一次垫还给发放贷款的部门。贷款学生因触犯国法校纪而被开除、勒令退学和学生自动退学的，由学生家长还款。

实施奖学金和贷学金相结合的资助制度的优点包括：首先，能够有效减轻国家的财政负担，加快教育事业发展。众所周知，教育事业是一项高成本的事业，随着我国高等教育大众化时代的到来，教育规模的迅速扩大，国家教育投入不足与教育事业经费需求的矛盾日益突出。在这种形势下，如果仍然对大多数学生实行人民助学金制度，国家用于教育事业的其他投入就会捉襟见肘，因此，建立奖学金和贷学金制度，有利于缓解教育的财政危机，保证教育事业的顺利发展。其次，实施奖学金和贷学金相结合的资助制度能够帮助家境贫寒的学生完成学业。改革开放以来，随着我国经济的迅速腾飞，国民的生活水平有了很大提高，但是仍有相当一部分家庭无力承担高等教育的高成本。奖学金和贷学金制度能够暂时解决家庭贫困学生的学费困难，使其不会因为家庭经济状况而影响学业。

4. 混合资助模式

1989 年，国家宣布对按国家计划招收的学生（除师范生外）收取学杂费和住宿费，至此，我国"免费上大学"的政策被放弃。在这一时期，我国的学生资助制度已形成以国家助学贷款为主，奖助学金、勤工俭学、特殊困难补助及学杂费减免相结合的混合资助模式。

总结新中国成立后学生资助制度发展演变的四个阶段，可以看出，我国学生资助制度的演变过程与教育制度、教育政策以及教育规模的发展相联系。学生资助制度从最初平均主义的人民助学金制度，到激励优秀学生的奖学金制度，再到"奖、贷、补、助、减"一体的混合学生资助模式的形成，体现了整个教育事业的蓬勃发展和人们对教育观念的改变。

教育不管对国家还是个体而言，都是一项高成本的事业，特别是高层次的教育成本更为高昂。因为教育事业的重要作用，长期以来受教育者一直受到政府及其他社会机构的资助。各国政府都已经认识到教育不仅对公民素质的提升有重要价值，还对军事和经济的快速发展有不可替代的作用。因此，各国政府以及一些社会机构都加强了对非义务教育阶段学生的资助，形成了多种多样的学生资助制度。基于此，学生资助制度成为教育经济学的研究热点。随着高等教育大众化时代的到来，国家包办教育的格局已被打破，不同形式的学生资助制度已在我国广泛发展起来，学生资助将会发挥越来越重要的作用。

第三节　改善教师劳动报酬与学生资助制度

一、改善教师劳动报酬的基本对策

（一）遵循按劳分配的原则

所谓按劳分配，就是按照劳动者向社会提供的劳动的数量和质量分配给劳动者相应的个人消费品，多劳多得，少劳少得，不劳不得。按劳分配包括三层含义：①劳动是分配的前提；②劳动是分配的尺度；③按照劳动的数量和质量进行分配。劳动的数量视劳动时间的长短和劳动强度的大小而定，当然，这里所说的劳动时间不是个别劳动时间，而是社会必要劳动时间。劳动的质量则视劳动的复杂程度而定。劳动有简单劳动和复杂劳动之分。教师作为劳动力之一，所从事的劳动是复杂劳动。其劳动力价值包括以下几点。一是教师本人维持正常生活需要的生活资料的价值。没有这部分生活资料的耗费，教师的劳动能力就不能恢复和维持。教师的劳动复杂、时间长，许多教师长期处在"超负荷"状态，因而就需要以较多的生活资料来补偿他们的消耗，使其恢复正常的体力和脑力。二是教师维持家属、子女的正常生活所需要的生活资料的价值。三是教师用来培训和提高自身劳动能力所需的费用。教师劳动是一种复杂的、创造性的脑力劳动，只有受过专门教育或训练的人才能从事教师劳动。根据按劳分配原则，教师的平均工资应该略高于其他行业的平均工资。

（二）遵循市场规律

市场经济是在社会化大生产和市场国际化的条件下，以市场作为资源配置方式的经济。它强调通过市场机制配置资源，一切商品，不论是消费资料还是生产资料，不论是产品还是生产要素，都要进入市场，通过市场进行调解。随着市场经济的不断发展和完善，各种生产要素的流动性不断增强，人才的流动也比以往任何时候都频繁，教师的流动也不例外。基础教育尤其是义务教育，是一项特殊的公益事业，教师资源的配置不能完全市场化。但是，在市场经济的条件下，教师工资的确定必须遵循市场经济规律。无论承认与否，教师这个劳动力市场业已存在，教师的工资受劳动力市场价格信号的影响。如果教师的工资低于其他行业，必然导致教师这种高质量的劳动力流向其他部门，从而影响师资队伍的稳定。不解决好教师的薪酬问题，就很难有一支高质量、精干的教师队伍，很难提高教育质量。

（三）工资支付以财政拨款为主

基础教育尤其是义务教育，是一种公共产品，其资源应该由政府提供。为了促进教育公平，实现教育的均衡发展，教师的工资也应该由政府提供，以财政拨款为主。现阶段，我国教育经费来源多元化，企业、个人等多种教育经费来源使教育获得了充足的动力，教师的工资也得到了一定的提高。但是，政府之外的经费来源相对不稳定，使教师的工资处于忽高忽低的变化之中，教师的心理容易受到挫伤，产生较大的不安全感。此外，我国的经济水平区域差距较大，教育经费分布不均衡，这会促使优秀教师向收入高的学校聚集，从而导致教师资源配置的不均衡，这也是近年来人们择师、择校的原因之一。从长远的观点看，由政府保证教师工资，并且促使教师的工资不断稳定提高，是一个合理的选择。政府还要保证教师的工资不受通货膨胀影响，因为在通货膨胀的条件下，教师的工资水平会随着物价的上涨而下降。政府应采取有效措施（比如，在财政拨款中设立专项基金），及时弥补教师工资因物价上涨所受的影响，保证教师工资实际水平的不断提高。

（四）改革教师工资管理体制

改革教师工资管理体制，扩大地方和学校的自主权。改革的基本思路是，实现国家宏观调控，分级分类管理，学校自主分配。核心是两个自主权：一是地方的自主权，在坚持国家规定的教师工资制度的基本原则和最低标准基础上，地方有一定的工资分配决策权，有提高教师工资的自主权；二是学校的自主权，在国家总量控制的前提下，学校具有微观分配上的自主权。学校可以根据自己学校的实际情况制定本校的工资制度，这种工资制度只限在该校实行，教师调离该校时，仍按国家工资标准转移工资关系。

（五）构建完善的教师工资法律制度

为了保障教师工资的按时足额发放，国家和地方出台了很多好政策，但有些政策没有落到实处。这种现象在经济欠发达地区尤为严重。为保证教师工资真正意义上的按时足额发放，国家应该尽快出台规范教师工资发放制度的具体法规，教育行政部门也应在教育法律相关原则指导下制定并实施教师聘任及工资发放制度的具体细则，切实维护教师的合法权益。

二、改善学生资助制度的措施

（一）坚持效率与公平相统一的原则

在研究教育公平之前，我们首先必须对教育公平进行界定。教育公平是社会公平在教育领域内的具体表现。为了理解教育公平的概念，我们必须理解公平的一般概念。公平是一种社会现象，在社会生活中，涉及公平与否的社会现象极其复杂，可以归纳为以下几个方面。一是实际生活状况、生活事实的公平。比如，我们说某单位的员工在配置上是公平的。二是原则、制度、法规、政策、标准的公平。如上面说的配置公平问题，其实质就是配置的制度、政策、原则等方面的公平问题。三是做法的公平，这里包括各种评价、评判、裁判等活动。如足球比赛中，裁判对运动员的处罚很不公平或公平等。四是道德的公平，这里又可以从三个角度进行理解：一是道德规范，即在处理事情时遵循的大公无私、不偏不倚的道德准则；二是一种道德行为，即合乎"公平"道德规范要求的行为；三是一种道德品质，即能按照公平道德规范办事，形成稳定的道德意识和道德行为习惯的人具有的品德。

从学生资助制度的角度来看，我们为保证教育公平首先要规则公平。众所周知，高等教育尽管已经实现大众化，但是当前仍然难以满足所有人求学的需要。这就需要我们建立一套公平的规则和制度，尤其是招生制度，选拔符合要求的学生接受高等教育。例如，严格按照学生的高考成绩来选拔新生就是一种相对公平的规则。其次要保证做法公平及分配公正。同等条件的学生应获得同样的待遇，在学生资助政策面前应人人平等。最后要遵循补偿性原则。人们在参与竞争时的起点不同，起点低的人获得与起点高的人相等的资源所付出的代价显然要大得多，因此给予一定的经济补偿是必要的。生长在贫困山区环境中的学生应该得到更多的资助，以嘉奖他们取得的成绩。此外，补偿性原则还要求我们关注优秀学生。所以，遵循教育公平的原则并非人人均等、所有的学生享受同样的补贴，而是以"低起点"和"高成就"的学生作为主要资助目标。

学生资助制度除了要遵循公平的原则外，还要兼顾效率。教育的公平与效率并不是矛盾的。所谓效率就是尽力以较少的资金投入调动较多的社会闲散资金，提供更多的教育机会，实现更大程度上的公平。此外，对于学生的资助并非越多越好，而是应该面向"最需要"和"最值得"的学生，并选择最恰当的资助方式。学生资助金额应该有一个"度"，保证资助资金的充分利用。

（二）建立以学生贷款为主，以奖学金、助学金、勤工助学和学杂费减免为辅的学生资助制度

随着我国高等教育进入大众化时代，许多来自贫困家庭及偏远地区的学生走出困境接受高等教育，改变了自身的命运并且成为社会的精英，为社会做出卓越贡献。但是，接受高等教育的费用并非小数目，仍有部分家庭无力承担。我国的学生资助制度不断完善、资助体系不断成熟，但是我国教育经费与世界发达国家相比仍有差距。如何完善学生资助制度、合理利用教育经费、为学生提供更多的教育机会，是我们急须解决的问题。《国家中长期教育改革和发展规划纲要（2010—2020年）》明确指出，高等教育实行以开办者投入为主，受教育者合理分担培养成本，学校设立基金筹措经费的机制。这些规定为进一步完善学生资助制度指明了方向。

1.进一步完善学生贷款制度

在建立了国家助学贷款制度之后，我国已经基本形成了"贷、奖、助、减"相结合的学生资助制度框架。我国人口基数大，经济水平与发达国家相比仍有差距，所以，从实践来看，贷款制度是学生资助制度的重要力量。但是，在学生贷款制度的实施过程中仍存在许多问题，需要进一步完善和改进。

第一，个体学生贷款的额度应该有弹性，不能都用一个标准。每个学生的具体贷款金额应由学校按本校的总贷款额度，根据学费、住宿费和生活费标准以及学生的困难程度而定。但是，如果贷款额度增加，学校承担的风险就会加大，所以，学校贷款的弹性限额应该在政策上予以明确规定。

第二，合理设定还款时间。还款时间通常包括还款期和宽限期，宽限期的设定主要是为学生提供找工作的空隙，从而减轻学生最初的还款负担。还款期是从开始还款到还清全部本金和利息所允许的最长时间限制，是决定还款负担

率的重要因素。各国的还款期差别较大，例如，美国的贷款都至少是 10 年的偿还期，泰国和加拿大为 15 年，而我国新的助学贷款政策是 6 年。

第三，完善助学贷款的减免政策。新的助学贷款政策明确规定，对毕业后自愿到国家需要的艰苦地区、艰苦行业工作，服务期达到一定年限的借款学生经批准可以以奖学金方式偿还其贷款本息。此项"以奖代偿"政策的出台更有利于学生贷款制度的发展。但与其他国家相比，我国的减免政策依旧相对单一。我国可以向其他国家学习经验。例如，美国在《高等教育法》中规定了五种免除还款的条款：①学生死亡或因病、因伤等丧失劳动能力，失去偿还能力的；②失业者、收入和生活水平低于贫困线的人以及破产者；③为国家从事某急需的工作，如在某些地区的公立中小学做教师、服兵役、为一些慈善机构服务等；④学生成绩突出者；⑤以社会服务替代还款。事实上，采取贷款的减免政策不仅能减轻学生的学习压力、思想负担，还能鼓励贷款学生积极向社会紧缺行业和偏远地区流动，对整个国家和社会的发展都具有重大意义。

第四，助学贷款的资格申请同样要对民办高校的学生开放。国家助学贷款政策自从 1999 年出台以来，历经多次修改，但是民办高校始终不是助学贷款政策的服务对象，民办高校学生始终不具有申请资格。事实上，学生贷款的目的是帮助经济困难的学生完成学业，无论是公办高校还是民办高校的学生，都有家庭困难者，都是受教育者，只是选择了不同的学校类型，应该得到同样的尊重。此外，给予民办高校的学生贷款资格，有利于民办高等教育的发展，鼓励更多的学生接受高等教育，推动高等教育大众化的进程。

2. 设立更多形式的奖学金

自《国家中长期教育改革和发展规划纲要（2010—2020 年）》颁布以来，我国已经初步建立了完整的学生资助体系。我国在普通高校建立了国家奖助学金、国家助学贷款、勤工助学、校内奖助学金、困难补助、伙食补贴、学费减免等多种方式并举的资助政策体系，同时开设家庭经济困难新生入学"绿色通道"。奖学金的主要内容包括以下几种。

（1）国家奖学金

中央政府出资设立高校国家奖学金，奖励特别优秀的二年级以上（含二年级）的全日制普通高校本专科（含高职、第二学士学位）在校生。国家奖学金每年奖励 5 万名学生，每生每年 8 000 元。学生无论家庭经济是否困难，只要符合规定条件，均可获得国家奖学金。同一学年内，获得国家奖学金的家庭经济困难的学生可以同时申请并获得国家助学金，但不能同时获得国家励志奖学金。试行免费教育的教育部直属师范院校的师范类专业学生，符合规定条件的同样可以获得国家奖学金。

（2）国家励志奖学金

中央和地方政府共同出资设立国家励志奖学金，奖励资助品学兼优、家庭经济困难的二年级以上（含二年级）的全日制普通高校本专科（含高职、第二学士学位）在校生。国家励志奖学金资助人数占全国全日制普通高校本专科（含高职、第二学士学位）在校学生总数的 3%，每生每年 5 000 元。同一学年内，申请国家励志奖学金的学生可以同时申请并获得国家助学金，但不能同时获得国家奖学金。试行免费教育的教育部直属师范院校的师范类专业学生不再同时获得国家励志奖学金。此外，不同地区、不同类型的学校还有相应的奖学金政策。

3. 设立助学金

助学金曾是我国主要的学生资助方式，在 1987 年以后逐渐被学生贷款和奖学金所代替。具体来说，我国高校学生中有 50% 来自农村，在实行缴费上学后，有相当一部分学生无力负担学费，甚至连最基本的日常生活开支都难以保证。此外，我国的奖学金制度覆盖面较小，而且有较多的限制条件，所以学生资助制度的框架中设立助学金是十分必要的，助学金可以最大限度地保证学生有相对公平的受教育机会。助学金虽然不是最主要的资助方式，但是它具有其他资助方式不可替代的作用。在实际操作过程中，学校应增加资助政策的透明性，全面考察受资助学生的家庭背景、贫困程度等，资助条件和金额必须严格按照规章制度来执行。学校应对接受资助的学生建立个人档案，定期检查其是否符合资助条件，避免出现与实际不符的情况。

4. 制定勤工助学计划

勤工助学活动旨在帮助学生通过自己的劳动获得报酬，不但能让学生通过自己的双手解决日常的生活费用问题，自力更生，还能让学生通过劳动锻炼自己的意志，培养独立生活的能力。学校实施勤工助学计划应设立勤工助学专项基金和专门的勤工助学机构，沟通学生、社会和学校，拓展更多的勤工助学渠道，提供更多的勤工助学机会。此外，勤工助学还应该保护学生在劳动过程中的合法权益，制定有效的规章制度，坚持特困生优先的原则。学生参加勤工助学不应影响学业，原则上劳动时间每周不超过 8 小时，每月不超过 40 小时。学生参加校内固定岗位的勤工助学，其劳动报酬由学校按月计算，每月 40 小时的酬金原则上不低于当地政府或有关部门制定的最低工资标准或居民最低生活保障标准，可以适当上下浮动。学生参加校内临时岗位的勤工助学，其劳动报酬由学校按小时计算，每小时酬金原则上不低于 8 元。学生参加校外勤工助学的酬金标准不低于学校所在地政府或有关部门规定的最低工资标准，具体数额由用人单位、学校与学生协商确定，并写进聘用协议。

5. 实施学杂费减免政策

对于来自特别贫困的地区或者家庭经济状况十分困难的学生，在奖学金、助学金和勤工助学等方式资助下仍然难以解决生活困难的，可减免其学费和住宿费。国家对公办全日制普通高校中家庭经济特别困难、无法缴纳学费的学生，特别是其中的孤残学生、少数民族学生、烈士子女、优抚家庭子女等，实行减免学费政策。具体减免办法由学校制定。各学校应该在国家规定的前提下，结合自身的实际情况，制订具体的实施办法。在认真调查的基础上，确定学杂费减免的对象及额度。学杂费的减免和助学金一样，需要学校实事求是，增加透明度，使真正有困难的学生从减免政策中受益。

（三）调动全社会积极性，多渠道筹集经费，促使资助主体多元化

尽管改革开放以来，我国的经济体制由计划经济转变为市场经济，但是高校的经费仍然主要来自国家财政拨款。而国外大都是私立高校，经费来源相对多元化，如哈佛大学的校友捐款等。由此可见，我国的高校经费渠道仍旧相对单一。但是随着我国经济的快速发展，涌现出一大批富有生命力的企业和关注我国教育事业发展的企业家，并成为国家实行学生资助制度的协作者，有助于缓解我国教育经费紧缺和资金紧张的状况。我国高校培养的大批人才毕业后将流向企业，所有的用人单位都是受益者，所以这些企业有必要加入学生资助事业，建立一个以国家为主体、企业和个人共同参与的新的助学机制，进一步完善我国学生资助制度。具体方法包括以下几个方面。

首先，国家应该积极宣传和动员社会团体、企业等积极投身学生资助事业，并为它们提供相应的政策扶持。凡捐资助学的部门、地区、单位和个人，根据所尽义务的份额，享受相应的权利。资助者有权决定资助形式、对象、范围，也可要求被资助者毕业后到该单位工作一定期限；对受援学校也可以提出如代培、技术转让等交换条件。国家对出资支持助学事业的单位也应加强宣传，这样既有助于扩大助学事业在社会上的影响，也有助于提高这些部门、地区、单位和个人的知名度，从而产生双重效应。

其次，建立捐资助学管理机构，加强对社会力量捐资助学的引导和管理。当前，我国社会各界捐资助学还处于一种无序状态，捐助者往往不熟悉资助对象的实际情况，也不了解需要资助的数额等。大部分社会资金集中到名牌院校，

普通院校因为名气较小，往往很难引起资助企业和团体的关注，因而社会提供的捐赠资金来源相对较少，有些院校甚至没有资助计划和项目。因此，政府有必要建立专门的捐赠管理机构，及时了解和掌握我国高等学校学生状况，尤其是贫困生状况，在尊重资助者意愿的情况下，切实加强对社会捐资助学活动的引导和管理。

（四）加强法治建设，使学生资助活动走上法治化轨道

学生资助是一项复杂而又艰巨的社会公益事业，涉及多方面的主体，许多方面必须采用法律来规范和约束。但是与国外相比，我国学生资助方面的立法依旧不完善。因此，加快学生资助制度的立法建设，不仅能为国家助学制度的建立和完善提供依据和保障，还能促使学生资助活动不断得以规范，实现学生资助政策有效促进教育公平的重要价值。因此，学生资助活动走上法治化道路是政策法律化、定型化的必然趋势。德国的《联邦奖学法》指出，奖学的目的是保障受教育者受教育的权力。学生资助法能为设立有关学生资助的机构提供法律依据。依法设置的机构便于行使对学生资助的管理权；完备的法律也便于对各种组织或个人行为进行约束和规范。包括贷款制在内的多种资助形式需要科学而又高效的管理，尤其是借贷关系更需要有法可依，更需要法律来保护。学生资助法还能保护捐资助学的社会组织和个人的合法权利，从法律高度给其以优惠和激励。总之，立法是政策合法化的必由之路，也是社会化的学生资助事业走上民主化、科学化、法制化的最终选择。

参考文献

［1］靳希斌. 教育经济学 [M]. 北京：人民教育出版社，2001.

［2］范先佐. 教育经济学 [M]. 北京：中国人民大学出版社，2008.

［3］刘泽云. 教育经济学 [M]. 上海：华东师范大学出版社，2008.

［4］张学敏. 教育经济学 [M]. 重庆：西南师范大学出版社，2001.

［5］王培根. 高等教育经济学 [M]. 北京：经济管理出版社，2004.

［6］王玉昆. 教育经济学 [M]. 北京：华文出版社，1998.

［7］曲恒昌，曾晓东. 西方教育经济学研究 [M]. 北京：北京师范大学出版社，2000.

［8］西方教育经济学流派 [M]. 曾满超等，译. 北京：北京师范大学出版社，1990.

［9］朱永新，许庆豫. 教育问题的哲学探索 [M]. 苏州：苏州大学出版社，2003.

［10］周亚虹，宗庆庆，陈曦明. 财政分权体制下地市级政府教育支出的标尺竞争 [J]. 经济研究，2013（11）：127-139，160.

［11］韩健，程宇丹. 地方政府债务规模对经济增长的阈值效应及其区域差异 [J]. 中国软科学，2018（09）：104-112.

［12］余靖雯. 政府教育投入、非政府教育投入和经济增长 [J]. 浙江社会科学，2012（06）：4-14.

［13］张金艳，梅琳. 我国教育投入对经济增长的影响分析：基于30个省（市）的面板数据 [J]. 九江学院学报（哲学社会科学版），2012，31（01）：112-115.

［14］杨娟. 教育经济学的最新研究进展：兼评《教育与培训经济学》[J]. 教育与经济，2013（03）：33-38.

［15］宋华明，王荣. 高等教育对经济增长率的贡献测算及相关分析 [J]. 高
　　　 等工程教育研究，2005（01）：55-58.

［16］张国强. 教育资源配置的价值取向问题研究 [J]. 山东高等教育，2015
　　　（03）：21-25.

［17］何海燕，刘瑞儒. 再议我国公立高等教育经费资源合理配置 [J]. 高等
　　　 工程教育研究，2015（04）：146-148.